직업으로서의 학문

나남
nanam

나남신서 1929

직업으로서의 학문

2006년 3월 5일 초판 발행
2013년 9월 5일 초판 4쇄
2017년 7월 15일 재판 발행
2022년 10월 5일 재판 2쇄

지은이   막스 베버
옮긴이   전성우
발행자   趙相浩
발행처   (주) 나남
주소   10881 경기도 파주시 회동길 193
전화   (031) 955-4601 (代)
FAX   (031) 955-4555
등록   제 1-71호(1979. 5. 12)
홈페이지   www.nanam.net
전자우편   post@nanam.net

ISBN 978-89-300-8929-6
ISBN 978-89-300-8001-9 (세트)
책값은 뒤표지에 있습니다.

나남신서 1929

직업으로서의 학문

막스 베버 지음 전성우 옮김

나남
nanam

Wissenschaft als Beruf

Max Weber

nanam

여기 번역된 '직업으로서의 학문'은, 현대 사회학의 창시자 중 한 사람인 독일의 대학자 막스 베버(1864~1920)가 1917년 독일 대학생들을 상대로 행한 강연문으로서, 아마도 현대 사회과학 역사상 가장 널리 읽혀온 강연문 중 하나일 것입니다. 베버는 여기서 학자라는 '직업'에 필요한 '외적' 조건, 학문을 단순히 하나의 직업이 아니라 '천직'[1]으로 수행하고자 하는 자가 갖추어야 할 '내적' 자질,

---

1) 실제로 이 책의 독일어 원제인 "Wissenschaft als Beruf"에서 Beruf는 통상 '직업'을 뜻하지만 동시에 '소명, 사명, 천직'의 의미도 가지고 있습니다. 또한 독일어의 'Wissenschaft'는 학문 일반을 뜻하면서 자연과학과 인문-사회과학을 통칭하고

근대 학문의 본질, 근대문화에서 학문이 차지하는 위상, 학문과 정치의 관계, 규범적 '가치판단'과 과학적 '사실판단' 간의 구분 등 실로 학자 및 학문에 관해 우리가 던질 수 있는 가장 본질적인 문제들을 평이하면서도 깊이 있게 다루고 있습니다. 예컨대 학자가 갖추어야 할 내적 자질에 대해 베버는 다음과 같이 말하고 있습니다.

> 일단 눈가리개를 하고서, 어느 고대 필사본의 한 구절을 옳게 판독해 내는 것에 자기 영혼의 운명이 달려 있다는 생각에 침잠할 능력이 없는 사람은 아예 학문을 단념하십시오. 이런 능력이 없는 사람은 우리가 학문의 '체험'이라고 부를 수 있는 것을 결코 자기 내면에서 경험하지 못할 것입니다. 학문에 문외한인 모든 사람들로부터는 조롱을 당하는 저 기이한 도취, 저 열정, "네가 태어나기까지는 수천 년이 경과할 수밖에 없었으며", 네가 그 판독에 성공할지를 "또 다른 수천 년이 침묵하면서 기다리고 있다"고 생각할 수 없는 사람은 학문에 대한 소명이 없는 것이니 다른 어떤 일을 하십시오 (본문 38~39쪽).

있습니다. 다음에서 옮긴이는 맥락에 따라 '학문'으로 또는 '과학'으로 번역합니다.

학문을 '직업'으로 삼은 지 어언 20년을 훌쩍 넘긴 옮긴이는 위 인용문을 읽을 때마다, 솔직히, 자괴감에 빠집니다. 과연 나는 얼마나 많은 학문적 과제에 내 '영혼의 운명'을 걸 만큼 절박한 소명의식과 책임의식 그리고 인내력 ─'수천 년'! ─ 을 가지고 매달렸던가?[2] 그리고 설혹 그런 경우가 있었다고 하더라도 ─ 적어도 학자라면 그런 순간이 없을 수야 없지요 ─ 과연 나는 어떤 목적의식 하에 이 과제에 매달렸으며, 또 어떤 기준에서 나의 '성취' ─ 만약 그런 것이 있기라도 했다면 ─ 를 평가했는가? 가령 다음과 같은 목적의식과 기준?

　… 학문상의 모든 '성취'는 새로운 '질문'을 뜻합니다. 그리고 이 성취는 '능가'되고 낡아버리기를 원합니다. 학문에 헌신하고자 하는 자는 누구나 이것을 감수해야 합니다. … 학문적으로 능가된다는 것은 ─ 다시 한 번 말합니다만 ─ 우리 모두의 운명일 뿐만 아니라 우리 모두의 목적이기도 합니다. 우리는 다른 사람들이 우리보다 더 멀리 나아가기를 희망하

───────

　2) 물론 이런 소명의식을 이른바 '엄숙주의'와 동일시해서는 안 됩니다. 위 인용문에서 표현되었듯, 저 기이한 도취는 학문적 창조를 ─ 그리고 모든 창조적 행위를 ─ 수반하는 뼈아픈 고통과 인내를 보상하고도 남는다는 것은 잘 알려진 사실입니다.

지 않고서는 연구할 수 없습니다(본문 48~49쪽).

과연 나는 나의 학문적 '성취'를 이런 겸허한 자세로 바라보아 왔는가? 다시 말해, 과연 나는 학문적 진리 그 자체를 향한 영원한 여정 — 그 종착점은 알 수 없고, 아니 애초부터 종착점이 없을 수도 있는 여정 — 에서 나 자신은 단지 바통을 이어받고 또 이것을 전해 주는 자에 불과함을 인식하고, 따라서 나보다 앞서는 자, 그래서 내 바통을 이어받을 수 있는 자가 있기를 진심으로 소망해 왔는가?

이런 비판적 자기성찰에 시달릴 때면 옮긴이는 이른바 '대가 윤리'라는 베버 자신의 개념을 빌려 나 자신의 부족한 자질과 열정을 정당화하고자 하는 유혹에 빠지곤 합니다. 즉, 학자의 내적 자질에 대한 베버의 위와 같은 평가기준은, 역시 '현대 사회학'을 정초할 만큼 거장인 막스 베버 수준의 대가들의 기준이자 자질이지 않을까 라는 자기 정당화 유혹 말입니다.

그러나 이 유혹에 진다는 것은 곧 학자이기를 포기함을 의미한다는 것은 자명합니다. 왜냐하면 학문의 세계에서 우리는 그 능력과 업적을 기준으로는 '대가'와 '비대가'를 구분할 수 있지만, '천직'으로서의 소명의식과 구도자적 겸허함, 그리고 '무한책임'이라는 기준에서 보면 대가-비대가의 구분은 사라지고 단지 '학자'가 있을 뿐이기 때문입니다.

베버가 학자에게 이런 엄격한 내적 자질을 요구하는 배경에는 근대 사회에서 학문이 차지하게 된 막중한 위상이 있음은 두말할 나위도 없습니다. 실제로 이 강연에서 베버는 '직업으로서의 학문'이라는 주제를 근대문화 일반의 구조와 밀접히 연관시켜 가면서 논의하고 있습니다. 따라서 이 강연문은 비단 베버의 학문론뿐 아니라 그의 근대성 이론 전반을 이해하는 데 있어서도 필독해야 할 문헌입니다.

서구적 근대의 특성을 베버는 이른바 '합리화' 또는 '탈주술화'라는 개념으로 포착하고 있습니다(막스 베버의 근대성 이론 전반에 관해서는 부록을 참조해 주시기 바랍니다). 여기서 탈주술화란, 베버의 말을 빌리면, "우리의 삶에서 작용하는 어떤 힘들도 원래 신비스럽고 예측할 수 없는 힘들이 아니라는 것, 오히려 모든 사물은 ─ 원칙적으로는 ─ 계산을 통해 지배될 수 있다는 것을"(본문 52쪽) 깨달아가는 과정입니다. 다시 말해, 주술적-신비적 힘(신, 정령 등)에 대한 믿음과 의존이 인간의 이성(*ratio*: 라틴어로 원래 계산이라는 뜻)에 대한 믿음과 의존으로 대체되어 가는 과정이 탈주술화입니다. 그리고, 주지하다시피, 탈주술화 과정의 주역 중 하나가 근대 학문이었습니다. 이제 우리는 우리 삶의 문제들을 해결하기 위해 '신비적 힘'(신, 조상, 정령)에 기도하는 대신 과학을 쳐다보게 되었고, 과학에게 호소하고 의존하게 되었습니다. 그러나 이러한 절대적 위상에도 불구하고 과학은 한 가지 점에서 결정적 한계를 가지고 있습니다.

베버의 말을 들어봅시다.

… 학문연구에는 또 하나의 전제가 깔려 있습니다. 곧 학문연구에서 나오는 결과는 '알 가치가 있다'는 의미에서 중요하다는 전제가 그것입니다. 그리고 분명히 바로 여기에 우리의 모든 문제가 담겨 있습니다. 왜냐하면 학문연구의 결과가 알 가치가 있다는 의미에서 중요하다는 이 전제 자체는 학문의 수단으로는 증명될 수 없는 것이기 때문입니다. 이 전제는 그것에 깔린 궁극적 의미를 기준으로만 해석될 수 있을 뿐이며, 또한 이 궁극적 의미를 우리는 다시금 삶에 대한 우리의 궁극적 입장이 어떠한가에 따라 거부할 수도 수용할 수도 있는 것입니다(본문 66쪽).

다시 말해, 과학은 '사실관계'의 규명에서는 유례없는 성공을 거두고 있지만, 그러나 규명된, 진리들의 '과학 외적' 의미와 가치를 입증할 수 있는 '과학내적' 수단은 가지고 있지 않는 것입니다. 즉, 우리는 '과학적' 세계관을 가질 수는 있지만 '과학' 그 자체를 세계관으로 삼을 수는 없는 것입니다. 왜냐하면 과학은 우리 삶의 궁극적 의미와 가치에 대해서는 어떤 대답도 제공해 주지 않고, 또 제공해 줄 수도 없기 때문입니다. 과학, 특히 자연과학은 "오히려 세계의 '의미'와 같은 것이 있다는 믿음을 송두리째 파괴하는 데 적합할 뿐입니다"(본문 63쪽). 톨스토이의 입을 빌려 베버는 이 문제를 다음과 같이 표현하고 있습니다.

학문은 의미가 없다. 왜냐하면 학문은 우리에게 가장 중요한 문제, 즉 '우리는 윤리적-당위적으로 무엇을 해야 하는가? 우리는 윤리적-당위적으로 어떻게 살아야 하는가?'라는 문제에 대해 어떤 답도 주지 못하기 때문이다(본문 65쪽).

학자가 학문이 가진 이러한 결정적 한계를 무시하거나 망각하고 '사실판단'에 대한 자신의 권위를 궁극적 '가치판단'의 영역에까지 확대하려고 할 경우, 다시 말해 "구원재(救援財)와 계시를 희사(喜捨)하는 심령가나 예언자"(본문 96쪽)의 역할을 자임할 경우, 한때 인간을 주술의 늪으로부터 구해 주었던 탈주술화의 주역인 과학이 이제 스스로 "얼굴 없는 교주"로서, 역설적이게도, '재주술화'의 길을 열 위험에 처하게 되는 것입니다.

베버는 이렇게 과학의 한계를 무시하는 학자들을 '강단 예언자' 또는 '자신이 헌신해야 할 과업의 흥행주로서 무대에 함께 나타나는 사람'(본문 45쪽)이라고 부르며 이런 위선적 지식인과 학자들을 통렬히 비판하고 있습니다. 과학은 결코 궁극적 가치설정과 의미창출의 주체가 될 수는 없으며, 단지 이에 필요한 객관적-논리적 사실기반을 제공해 줄 수 있을 뿐입니다. 그리고 과학자는 이러한 '자기한정'을 위해서 그 어느 직업집단보다도 엄격한 정신적-지적 금욕주의를 실천해야 한다고 베버는 역설하고 있습니다.

지금까지 언급한 관점들 이외에도 베버는 이 강연문에서 '학문'을 화두로 삼아 서구적 근대가 대면하게 되는 다양한 차원의 — 세계상적, 실존적, 구조적 — 문제들을, 강연체에 걸맞게, 매우 절박하고 절절한 필치로 펼쳐 나가고 있습니다만, 이들을 음미하고 해석하는 작업은 이제 독자들의 몫으로 남겨 두고자 합니다.

당연한 이야기이지만, 베버의 학문론적 또는 근대성 이론적 해법에는 다양한 반론이 가능하고 또 그것은 '우리의' 해법이 아닐 수도 있습니다. 그러나 학문을 '천직'으로 삼고자 하는 자가 가져야 할 자세와 자질에 관해 이 강연만큼 진지하고 가슴에 와 닿게 서술하고 있는 문헌도 찾기 어려울 것입니다. 그것은 아마도 베버 자신 그런 자세를 몸소 구현하고 있었기 때문이기도 할 것입니다. 이 점을 우리는 이 강연의 탄생배경에서도 확인할 수 있습니다.

베버가 이 강연을 행한 시기(1917년 11월 7일)는 제1차 세계대전이 막바지에 접어들고, 주전국이었던 독일의 패색이 짙어가던 시기였습니다. 실제로 이 강연회[3]의 청중은 그 당시 독일이 처해 있던 대외적, 정치적 그리고 정신적 위기상황에 대한 '해석에 굶주린' 학생들이었으며, 이들은 동시에 이 위기상황을 극복할 수 있는 길을 제시해 줄 카리스마적 '예언자'나 '설교자'를 요구하고 있었습니다. 당대 독일 최고지성이었던 베버는 자신에 대한 이

---

[3] 베버를 초대한 단체는 뮌헨대학의 진보적 학생단체인 〈자유학생연합〉으로서, 이들은 그 당시 '직업으로서의 정신노동'이라는 주제로 연속강연회를 개최하고 있었습니다.

런 기대를 잘 알고 있었지만, 엄격한 지적 금욕주의를 실천하면서 섣부른 해결책의 제시나 설교 또는 예언 대신 오히려 의도적으로 냉철하고 냉정한 '학자'의 자세로 일관합니다.

이런 금욕주의를 우리는 그가 1년 남짓 후이자 세계대전 종전 이후인 1919년 1월, 같은 학생단체로부터 다시 초청받아 행한 두 번째 강연인 '직업으로서의 정치'[4] 에서도 재차 확인할 수 있습니다. 아마도 이런 금욕주의 때문에 이 쌍둥이 강연은 아직까지도 우리에게 호소력이 있으며, 그래서 '학문 – 학자', '정치와 정치가'에 대한 사회과학적 담론에서는 빠짐없이 언급되는 고전적 준거로 남아 있는지도 모릅니다.

또 하나의 관점에서 이 두 강연은 매우 의미가 큽니다. 이 두 강연의 초고를 보완하여 출판한 직후인 1920년 6월 14일 베버는 뜻하지 않게 폐렴으로 급사합니다. 따라서 이 두 강연은 베버가 직접 감수한 거의 마지막 문헌이 되어 버렸고, 그래서 그의 '학문적 유언장'과 같은 위상을 가지게 됩니다. 실제로 이 두 강연에는 30여 년에 걸친 그의

---

4) 옮긴이의 번역본이 곧 출간될 것입니다. 〔Max Weber, 전성우 역 (2007), 《직업으로서의 학문》, 나남〕

사회과학적 탐구의 요체가 농축되어 있다고 볼 수 있습니다. 이런 이유에서 옮긴이는 비단 '학문'과 '정치'라는 주제뿐 아니라 베버 사회학 전반의 핵심사상들에 대한 가장 적절한 입문서로서 그의 다른 어떤 저작보다 우선 이 두 강연문을 적극 추천해 왔습니다.

'직업으로서의 학문'은 옮긴이가 2002년에 펴낸 막스 베버 사상 선집 제 1권 《탈주술화 과정과 근대: 학문, 종교, 정치》에 수록되어 있던 텍스트입니다. 이 선집의 개정판을 낼 계획을 하고 있던 참에, 나남출판사에서 흥미로운 제의를 해왔습니다. 즉, 이 선집에 포함된 6편의 베버 논문을 각각 따로 문고판 형태로 출판하는 것이 어떻겠느냐는 제의였습니다.

옮긴이가 이 제의를 흔쾌히 받아들인 이유는, 베버 문헌에 대한 일반독자들의 접근성을 높일 수 있는 좋은 방도라고 여겼기 때문입니다. 사실 400여 페이지에 달하는 기간 '선집 제 1권'은 단순히 물리적인 부피뿐 아니라 그 내용의 무게 때문에도 선뜻 일반독자들이 손에 쥐기 힘든 형태였습니다. 베버가 아직 읽힐 가치가 있다고 믿는 옮긴이로서는 학문, 종교, 정치에 관한 베버의 핵심 텍스트들을 독자의 관심에 따라 취사 선택해서 단행본으로 접할 수 있는 길을 열어주는 것은 의미 있는 일이라고 보았습니다.

끝으로, 이 자그만 책자를 내는 데도 크나큰 정성으로 도와주신 방순영 부장을 비롯한 나남출판사 편집진, 그리고 조상호 사장에게 감사드립니다.

번역 대본으로는 *Gesammelte Aufsätze zur Wissen-schaftslehre*, 제 4판, 1973, J. C. B. Mohr, 582~613쪽에 수록된 "Wissenschaf als Beruf"를 사용했음을 밝혀 둡니다.

2006년 2월

전 성 우

직업으로서의 학문

차 례

제 1차 세계대전이 막바지에 접어든 1917년 말 막스 베버는 독일 남부 뮌헨대학의 진보적 학생단체인 〈자유학생연합〉으로부터 〈직업으로서의 정신노동〉에 대한 연속강연회에 초청을 받았는데, 그에게 주어진 주제는 〈직업으로서의 학문〉이었다. 1년쯤 뒤인 1919년 1월 베버는 같은 학생단체로부터 또 한번 강연 초청을 받는데, 이때의 주제는 〈직업으로서의 정치〉이다. 이 두 강연원고는 수정 보완되어 베버가 사망하기 한 해 전인 1919년에 출간되었다. 따라서 이 원고들은 베버가 출판한 거의 마지막 문헌에 속하며, 근대문화의 핵심적 문제들에 대한 베버의 최종적 견해를 이해하는 데 중요한 역할을 하는 문헌이다.

베버는 여기서 다른 어느 문헌에서보다 직접적으로 당시의 정신적 그리고 정치적 상황 및 이와 연관된 의미문제에 대해 자신의 견해를 표명하고 있다. 그리고 이것이 이 두 강연에 내적 연관성을 부여하고 있다. 〈직업으로서의 학문〉 강연을 들은 청중은 그 당시 독일이 처해 있던 내외적, 정치적 그리고 정신적 위기상황에 대한 '해석에 굶주린' 학생들이었으며, 이들은 동시에 이 위기상황을 극복할 수 있는 길을 제시해줄 카리스마적 '예언자'나 '설교자'를 요구하고 있었다. 베버는 이런 기대를 잘 알고 있었지만, 그러나 그의 강연에서 오히려 의도적으로 냉철하고 냉정한 '학자' 및 '선생'의 태도로 일관한다. 이 강연의 주제는 탈주술화, 합리화된 세계, 즉 모든 것을 원칙적으로 계산을 통해 지배할 수 있다고 믿는 세계에서 학문이 가진 위상과 기능은 무엇인가 라는 문제이다. 그러나 베버는 이 주제를 더 포괄적 문제, 즉 탈주술화된 세계에서의 '의미'의 문제로 확대시켜 나가면서 근대 문화의 기본구조에 대한 진단을 시도하고 있다. 이 과정에서 베버는 자신의 원숙한 문화과학적 통찰들을 종합적으로 제시하고 있다.

01 학자가 되는 길의 외적–내적 조건

외적 조건 : 능력과 '요행'

나는 여러분의 요구에 따라 〈직업으로서의 학문〉에 대해 이야기하고자 합니다. 그런데 우리 경제학자[1] 들은 좀 소심하여[2] 항상 주제의 외적 측면으로부터 출발하는데, 나

---

1) 베버는 여기서 자신이 가졌던 교수직(프라이부르크 대학, 하이델베르크 대학) 그리고 이 강연 당시 곧 취임이 예상되었던 교수직이 모두 경제학 교수직이었다는 점을 염두에 두고 '우리 경제학자들'이라는 표현을 쓰고 있다. 그러나 실질적으로는 1909년 〈독일사회학회〉 창립에 주도적 역할을 한 이후부터 베버는 스스로를 '사회학자'로 여기고 있었다.
2) 즉, 거창한 '이론적' 구도가 아니라 세세한 현실적 조건들에 우

역시 그렇게 하고자 합니다. 따라서 우리의 주제인 '학문'에 대한 논의도, 직업으로서의 학문이 가진 경제적 측면에서부터 시작하고자 합니다. 그런데 오늘날 이 문제는 현실적으로 대개 다음과 같은 질문으로 요약될 수 있습니다. 즉, 대학을 졸업한 학생이 대학에 남아서 학문을 직업으로 삼겠다고 결심한다면, 그가 처하게 되는 외적 상황은 어떠한가? 이 문제에 관해 우리 독일의 사정이 가진 특수성을 이해하기 위해서는 이 점에서 우리와 가장 뚜렷한 대조를 이루고 있는 외국, 즉 미국의 사정과 비교하면서 살펴보는 것이 유용할 것입니다.

잘 알려져 있듯이, 독일에서 학문을 직업으로 삼고자하는 젊은이는 그의 학자 경력을 보통 〈사강사〉(私講師: *Privatdozent*)로 시작합니다. 즉, 그는 어느 특정 대학에서 해당 전문분야 대표자와 협의 및 동의과정을 거친 후, 교수자격 저서를 제출하고 해당 단과대학 교수진 앞에서 시험 — 대부분의 경우는 다소간 형식적인 시험 — 을 치른 후 교수자격을 취득하게 됩니다. 이제 그는 사강사로서 강의를 합니다만, 그러나 보수는 받지 않으며 그의 유

선 주목한다는 뜻이다. (이하 이 책의 주는 모두 옮긴이주임)

일한 수입원은 학생들의 수강료입니다. 강의주제는 교수
자격이 수여된 영역 내에서 사강사 자신이 정합니다.

미국에서는 학자 경력이 보통 이와는 전혀 다르게 시작
되는데, 그 첫 단계는 〈조교수〉[3] 로 채용되는 것입니다.
이것은 독일 대학의 자연과학부와 의학부의 큰 연구소에
서 흔히 행해지는 방식과 대충 비슷합니다. 이런 큰 연구
소에서는 조교들 중의 극히 일부분만이, 그것도 흔히 조
교경력 후반부에 가서야, 교수자격시험을 통한 사강사 자
격 획득을 목표로 삼습니다. 미국과의 이러한 차이가 보
여주는 것은, 독일의 경우 학자의 경력은 전적으로 금권
주의적(金權主義的) 전제에 기초하고 있다는 점입니다.
왜냐하면 재산이 없는 젊은 학자에게는 대학교수의 경력
을 밟는 데 필요한 여러 조건들을 충족시키려는 시도 그

---

3) 원문의 'Assistent'의 직역은 '조교'이지만, 전후 맥락으로 볼
때 베버는 미국식 '조교수'를 의미하고 있다. 왜냐하면 독일
대학에서의 '조교'는 박사학위를 취득한 후 교수자격시험
(*Habilitation*) 때까지 강의 및 연구를 수행하는 대학 중간계
층을 지칭하며, 이것은 바로 미국의 조교수에 해당하기 때문
이다. 따라서 독일 대학에서의 '조교'는 한국에서의 '조교'와
는 전혀 다른 것이며, 오히려 우리의 계약제 '전임강사'와 비
교될 수 있다.

자체가 대단한 모험이기 때문입니다. 다시 말해서, 그는 나중에 생계를 유지할 수 있는 자리로까지 올라갈 가능성이 있을지 없을지도 모르면서 적어도 몇 년 동안은 버티어낼 수 있어야 하는 것입니다.

이에 반해 미국에서는 관료적 체제가 지배하고 있습니다. 거기서는 젊은 학자도 처음부터 봉급을 받습니다. 물론 그 액수가 크지는 않습니다. 봉급은 대체로 완전히 미숙련은 아닌 노동자의 급료 수준이 될까말까 합니다. 그래도 그는 고정된 봉급을 받기 때문에 겉으로 보기에는 안정된 지위에서 시작합니다. 그렇지만 그는 원칙적으로, 우리나라의 조교들이 그러하듯이, 해고될 수 있으며, 만약 그가 기대에 미치지 못할 경우 가차없이 해고당하는 것은 흔한 일이며, 그는 이를 감수할 수밖에 없습니다. 그런데 이 기대라는 것은 그가 〈강의실을 가득 차게〉 한다는 것을 뜻합니다.

독일의 사강사에게는 이런 일이 일어날 수 없습니다. 우리가 일단 사강사 한 사람을 쓰면 우리는 그로부터 다시 벗어날 수 없습니다. 물론 그가 어떤 〈권리〉를 가지고 있는 것은 아닙니다. 그렇지만 그는, 여러 해 강사로 봉사하고 나면 사람들이 자기를 고려해 줄 것이라고 믿으며,

또한 이에 대해 일종의 도의적 권리를 가지고 있다고 생각하게 되는데, 우리는 이런 생각을 충분히 이해할 수 있습니다. 그는 또한 — 이것은 때로는 중요한 사안입니다 — 추가로 다른 사강사들에게 교수자격증을 수여해야 할지 여부의 문제에서도 자신의 이러한 도의적 권리가 고려되어야 한다고 생각합니다. 이 문제는 능력이 증명된 학자면 원칙적으로 누구에게나 교수자격을 주어야 하는가 아니면 〈강의수요〉를 고려해야 하는가, 다시 말하여 기존의 강사들에게 강의의 독점권을 주어야 하는가 라는 난처한 딜레마인데 이것은 곧 논의하게 될 대학교수라는 직업의 이중적 성격과 연관되어 있습니다.

대개의 경우 사람들은 기존 강사들에게 독점권을 주는 두 번째 대안을 선택합니다. 그러나 그것은 해당학과의 정교수가, 비록 그가 주관적으로는 아무리 양심적이라 하더라도, 자기 자신의 제자를 선호할 위험을 증대시킵니다. 나 개인적으로는 — 이 점은 밝혀도 좋겠지요 — 다음과 같은 원칙, 즉 나에게서 박사학위를 받은 학자는 나 아닌 **다른 사람**에게서, 또 다른 대학에서 인정받아 교수자격을 얻어야 한다는 원칙을 따랐습니다. 그러나 이런 원칙을 따른 결과로 나의 가장 유능한 제자 중의 한 명이 다른 대학에서 거절당한 일이 있었는데, 왜냐하면 아무도 그가 그러한 이유에서 〔즉, 위에서 말한 나의 원칙에 따라〕 이 대학에 지원했다는 것을 **믿지 않았기** 때문입니다.

미국과의 또 하나의 차이점을 들면, 우리나라에서는 일반적으로 사강사의 강의 담당량이 그가 원하는 것보다 **적다**는 것입니다. 물론 그는 권리상으로는 그 학과의 모든 강의를 할 수 있습니다. 그러나 이 권리를 행사하는 것은 연장자인 기존 강사들에 대한 지나친 무례함으로 여겨집니다. 일반적으로 〈중요한〉 강의는 전임 정교수가 하고, 강사는 부차적 강의를 맡는 것에 만족해야 합니다. 이런 상황이 가진 이점은, 비록 조금 비자발적이긴 하지만, 그가 젊은 시절을 학문 연구에 바칠 수 있게 된다는 것입니다.

미국의 제도는 근본적으로 다르게 조직되어 있습니다. 강사는 **봉급을 받기 때문에**, 젊은 시절에야말로 엄청나게 과도한 강의부담을 지고 있습니다. 예를 들어, 독문학과에서 전임 정교수는 괴테에 대해 매주 세 시간짜리 강의 하나만 하면 되지만, 반면에 젊은 조교수는 주당 12시간을 가르쳐야 합니다. 게다가 이 12시간에는 주입식 독일어 교육뿐 아니라 문학강의도 포함되는데, 그래서 만약 그가 이를테면 울란트⁴⁾ 급의 시인들까지만 강의하도록 지시받는다면 그는 그나마 이것을 다행으로 여깁니다. 〔즉, 그는 보통 이보다 더 많은 '문학'강의를 해야 합니다〕. 사실 공식적 과(科) 조직이 강의계획을 결정하기 때문에 조교수는 독일의 연구소 조교와 마찬가지로 이에 따를 수밖에 없습니다.

그런데 최근에는 대학제도가 많은 학문분야에서 미국화되고 있음을 분명히 관찰할 수 있습니다. 의학이나 자연과학의 큰 연구소들은 〈국가자본주의적〉 기업입니다. 이 연구소들은 대규모의 경영수단 없이는 관리될 수 없습니다. 그리고, 자본주의적 경영이 시행되는 곳이라면 어느 곳에서나 일어나는 상황이 여기서도 똑같이 발생하는데, 〈노동자의 생산수단으로부터의 분리〉가 그것입니다. 노동자, 즉 조교는 국가가 제공하는 노동수단에 의존하게 됩니다. 따라서 그는 공장의 고용인처럼 연구소장에게 예속되어 있습니다. 왜냐하면 연구소장은 전혀 거리낌 없이 그 연구소가 〈자신의〉 연구소라고 생각하면서 연구소를 관리하기 때문입니다. 그러므로 조교의 위치는 흔히

---

4) Ludwig Uhland(1787~1862). 독일의 시인이자 문예이론가. 후기 낭만주의의 대표적 시인 중 한 사람이다.

〈준(準) 프롤레타리아트〉의 위치 또는 미국대학의 조교수의 위치와 유사하게 불안정합니다.

우리 생활 전반이 그러하듯이, 독일의 대학생활도 매우 중요한 점들에서 미국화되고 있습니다. 과거에 공업분야에서 수공 장인이 생산수단을 직접 소유했듯이 학문적 수공업자가 노동수단[학자의 경우 이것은 첫째가 장서(藏書)입니다]을 아직 직접 소유하고 있는 학과들 — 나의 학과는 아직도 상당한 정도로 그러합니다만 — 에서도 이러한 발전이 계속 진척될 것이라고 나는 확신합니다. 실제로 이러한 발전이 지금 한창 진행 중입니다.

자본주의적이며 동시에 관료화된 모든 기업체의 경우에서처럼, 〔이러한 발전이 가진〕 기술적 이점은 전혀 의심할 바 없이 명백합니다. 그러나 자본주의화 및 관료화된 대학조직을 지배하는 '정신'은 독일대학의 고색창연한 분위기와는 다릅니다. 이러한 종류의 거대한 자본주의적 대학기업의 우두머리와 전통적 스타일의 일반 정교수 사이에는 외적-내적으로 대단히 큰 차이가 있습니다. 이 차이는 정신적 태도에서도 나타납니다. 그러나 여기에서는 이 점을 자세하게 다루고 싶지 않습니다. 전통적 대학**구조**는 외적으로나 내적으로나 허구가 되어 버렸습니다.

그러나 대학교수 **경력**이 가진 특유한 상황 하나는 아직도 존속하고 있으며 오히려 훨씬 더 악화되었습니다. 즉, 위에서 말한 바와 같은 사강사가, 더구나 조교가 언젠가 정교수나 심지어 연구소 소장의 자리에까지 오를 수 있을지는 그야말로 요행에 속하는 문제라는 상황 말입니다. 물론 요행만이 지배하는 것은 아닙니다. 그렇지만 요행이 엄청날 정도로 크게 지배하는 것은 사실입니다. 나는 〈요행〉이 그 정도로 큰 역할을 하고 있는 직업경력이 이 세상에 또 어디 있을까 싶습니다.

내가 이런 말을 할 수 있는 것은 내가 교수로 채용될 당시의 아래와 같은 나 자신의 경험 때문입니다.

그 당시에 나의 동년배 중 많은 사람들이 내 분야에서 나보다 분명히 더 많은 업적을 이룩했음에도, 내가 매우 젊은 나이에 이 분야〔경제학〕의 정교수로 초빙된 것은 개인적으로 몇 가지 절대적 우연 덕분이었습니다. 물론 나는 이러한 경험을 통해 많은 사람들의 부당한 운명을 감지할 수 있는 단련된 눈을 지니게 되었다고 자부하는데, 이들에게는 우연이라는 것이 〔나의 경우와는〕 정반대로 작용하였으며, 또 아직도 정반대로 작용하고 있는 것입니다. 다시 말해서, 그들은 유능함에도 불구하고 이 선발장치

안에서는 그들에게 마땅히 돌아가야 할 자리를 차지하지 못하고 있는 것입니다.

다른 모든 선발에서와 마찬가지로 대학교수 충원과정에서도 인간의 불완전성은 당연히 작용합니다. 그러나 유능함 자체가 아니라 요행이 그처럼 큰 역할을 한다는 사실은 비단 이러한 불완전성에만 기인하는 것이 아닐 뿐더러, 이 불완전성이 그 일차적 요인도 아닙니다. 그렇게도 많은 평범한 인재들이 대학에서 주도적 역할을 하고 있다는 것은 분명한 사실입니다만, 이 사실에 대한 책임을 교수진이나 교육부 당국자들의 인격적 결함에 돌린다면 그것은 부당한 일입니다. 오히려 그 책임은 인간의 공동작업의 법칙, 특히 여러 단체의 — 이 경우에는 추천권을 갖고 있는 교수진과 교육부 당국자들의 — 공동작업의 법칙 자체에 있습니다.

이와 짝을 이루는 예를 하나 들어보겠습니다. 우리는 여러 세기 동안의 교황선출 사례들에서 위의 과정을 추적할 수 있는데, 이것은 교수 선발과정과 동일한 성격의 인선과정에 대한 가장 중요한 검색사례입니다. 여기서 〈가장 유력한 후보〉라고 거론되는 추기경이 선출될 가능성은 매우 희박합니다. 오히려 일반적으로는 제2 또는 제3의

후보가 선출됩니다. 이것은 미국의 대통령선거의 경우에도 마찬가지입니다. 최상급의 가장 두드러진 사람이 당 대회에서 제1 후보자로 〈지명〉받는 경우는 단지 예외일 뿐입니다. 오히려 대부분의 경우엔 제2 후보자가, 때로는 제3 후보자가 지명받아 나중에 선거에 입후보합니다. 미국사람들은 후보자들의 이러한 분류를 위해서 이미 기술적-사회학적 전문용어들을 만들어 냈습니다. 이러한 예들을 중심으로 집단적 의사형성을 통한 선출이 가진 법칙성을 연구한다면 매우 흥미로울 것입니다.

오늘 여기서 그런 시도는 하지 않겠습니다. 그런데 그 법칙은 대학교수집단에도 적용됩니다. 그리고 놀라운 것은 대학에서 종종 잘못된 채용이 일어난다는 것이 아니라 오히려 적절한 인선(人選)의 수가 그 모든 것에도 불구하고도 상대적으로 매우 많다는 것입니다. 태만하고 평범한 인재들이나 야심가들만이 판을 치게 되는 상황은 오히려 다음과 같은 경우에는 어김없이 발생합니다. 즉, 몇몇 나라에서 볼 수 있듯이, 의회라든지 아니면 과거의 독일에서처럼 군주들 (이 두 가지 경우 모두 결과는 전적으로 동일합니다) 또는 현재의 독일에서와 같이 혁명을5) 통해 권력을 장악한 자들이 **정치적** 이유로 인사문제에 개입하는 경우가 그러한 경우입니다.

　어떤 대학교수도 자신의 채용과 관련하여 진행되었던 논의들에 대해 회상하기를 좋아하지 않습니다. 왜냐하면 이런 논의들이 유쾌했던 경우는 드물기 때문입니다. 그렇지만 적어도 내가 알고 있는 많은 경우에는 순수하게 객관적 근거들을 기준으로 결정하려는 선의(善意)만은 예외 없이 있었다고 말할 수 있습니다.

　따라서 우리는 대학교수로의 길이 그 정도로 광범위하게 〈요행〉에 의해 결정된다는 사실의 원인이 집단적 의사형성을 통한 선발방식의 결함에만 있지 않다는 점 또한 인식해야 합니다. 뿐만 아니라 학자의 길이 자신의 소명이라고 느끼는 젊은이라면 그 누구든 자기를 기다리는 과제가 이중적 측면을 가지고 있다는 것을 분명히 알아야 합니다. 즉, 그는 학자로서뿐 아니라 교사로서도 자질을 갖추고 있어야 합니다.

　그런데 이 두 자질은 결코 일치하지 않습니다. 어떤 사람은 학자로서는 대단히 뛰어나면서도 교수로서는 정말

---

5) 베버가 이 강연 원고를 출판할 당시(1차대전 종전 직후) 독일에서 일어난 일련의 혁명적 과정들(가령 바이에른 주 수도 뮌헨에서의 혁명정부 수립)을 의미한다.

한심할 정도로 소양이 부족할 수도 있습니다. 나는 헬름홀츠[6] 나 랑케[7] 와 같은 사람들의 교사로서의 활동을 상기시키고 싶습니다. 그리고 이들과 같은 경우가 그리 드문 것은 아닙니다. 그런데 사정은 다음과 같습니다. 즉, 독일의 대학들, 특히 작은 대학들은 참으로 어처구니없는 방식으로 학생 끌어 모으기 경쟁을 벌이고 있습니다. 대학도시의 하숙집 주인들은 천 명째의 학생을 맞으면 연회를 열어서 축하하고, 이천 명째의 학생을 맞으면 매우 흔쾌히 횃불행렬을 주선하여 축하합니다. 또한 〔대학 내부적으로 보면 한 과의〕 수강료 수입 정도는 ─ 이 점을 우리는 솔직하게 인정하지 않으면 안 됩니다만 ─ 바로 옆에 있는 학과

───────

6) Hermann Ludwig Ferdinand von Helmholtz (1821~1894). 독일의 물리학자, 생리학자이자 철학자. 철학자로서는 초기의 신칸트학파에 속했다. 베버는 헬름홀츠와 랑케를 '학자'로서는 위대했지만 '교수'로서는 소양이 부족했던 사례로 여기고 있다.

7) Leopold von Ranke (1795~1886). 독일 역사학자. 그는 역사학에서 과학적 방법을 확립한 근대 역사학의 아버지로 간주된다. 또한 그는 각 민족, 각 시대의 개성적 특질과 그 질적 발전을 중시하는 '역사주의' 학파의 창시자 중 한 사람이며, 그의 역사서술은 비단 학술적 가치뿐 아니라 높은 문학적·예술적 수준을 겸비한 것으로 유명하다.

에 〈학생들을 끌어모으는〉 교수진이 있는지 여부에 따라 달라지기도 합니다. 아무튼 수강생의 규모가 숫자상으로 파악할 수 있는 교수 자질의 증거인 것은 분명합니다.

그에 반해 학자로서의 자질은 그렇게 숫자로는 잴 수 없으며, 바로 대담한 개혁자일수록 흔히 (그리고 지극히 당연하게도) 그의 학자적 자질이 논란의 대상이 됩니다. 그러나 대학 내의 모든 과정은 대체로 수강생이 많아야 막대한 수익과 이점이 확보된다는 암묵적 전제하에 진행됩니다. 만약 어느 강사에 대해서 그는 좋은 교사가 아니라는 평이 돈다면, 설사 그가 세계 최고의 학자라 할지라도, 그것은 그에게 대학 내에서의 사형선고나 거의 다를 바 없습니다. 그런데 어떤 사람이 좋은 교수인지 아닌지의 문제는 학생 여러분들이 그에게 베풀어주는 출석의 빈도수에 따라 결정됩니다. 그러나 학생들이 어느 한 교수에게 몰려드는 이유는 거의 대부분 순전히 학문 외적 요인들, 가령 교수의 성미 또는 기질이나 심지어는 목소리와 억양 같은 것들에 근거하고 있는 것이 사실이며 이런 외적 요인이 작용하는 정도는 상상도 할 수 없을 정도로 큽니다. 나 자신 상당히 풍부한 경험과 냉정한 성찰을 통해 대형강의들에 대해서는 — 그러한 강의가 불가피한 것은 분명하지만 — 깊은 불신을 품게 되었습니다.

민주주의는 아무 곳에서나 다 적절한 것은 아닙니다. 오히려, 우리가 독일 대학의 전통에 따라서 대학에서 실시하는 학문훈련은 **정신적 귀족**을 훈련하는 것입니다. 우리는 이것을 숨겨서는 안 됩니다. 그렇지만 학문적 주제들을, 아직 훈련되지는 않았어도 수용능력이 있는 학생들에게 이해할 수 있도록 서술하고 또 이 학생들이 — 그리고 이것이 우리들에게는 가장 중요한 점입니다만 — 그 문제에 대해 독자적으로 생각할 수 있도록 가르치는 것은 아마도 모든 교육적 과제 중 가장 어려운 과제일 것이라는 점은 두말할 나위도 없습니다. 분명히 그러합니다. 그러나 수강생의 수가 이 임무의 성취 여부를 결정하는 것은 아닙니다. 그리고 — 이로써 우리의 주제로 다시 돌아갑니다만 — 이러한 기술은 개인적 재능일 뿐, 학자로서의 학문적 자질과는 결코 일치하지 않습니다. 그러나 프랑스와는 달리 독일에는 학문의 〈불사자(不死子)들〉8) 같은 단체가 없고, 따라서 대학들은 우리의 전통에 따라서 연

---

8) 프랑스 학술원(Akademie française)을 뜻한다. 40명의 종신 회원으로 구성되어 있다. 유고자가 생기면 전회원 투표로 신임회원을 선출한다.

구와 교육이라는 두 요구 모두에 응해야 합니다. 그렇지만 과연 한 개인이 이 두 가지 능력을 동시에 갖추고 있는가는 전적으로 우연에 달려 있습니다.

이와 같이 학자의 길은 거친 요행의 세계입니다. 젊은 학자들이 교수자격 취득에 관해 조언을 구하러 올 때, 그들에게 이 길을 가도록 격려하는 것은 거의 무책임한 일이라고 볼 수 있습니다. 만약 이 젊은 학자가 유태인이라면 사람들은 그에게 당연히 〈모든 희망을 버려라〉고 말합니다. 그러나 유태인이 아닌 다른 모든 사람에게도 다음과 같이 그의 양심에 대고 묻지 않으면 안 됩니다.

"당신은 평범한 인재들이 해마다 당신보다 앞서 승진하는 것을 보고도 내적 비탄이나 파멸 없이 견딜 수 있다고 생각하느냐?"

그러면 우리는 매번 두말할 나위도 없이 다음과 같은 대답을 듣게 됩니다.

"물론입니다. 나는 단지 나의 〈천직〉을 위해서 살 뿐입니다."

그렇지만 적어도 나는 그들 가운데 내적 상처를 입지 않고 그것을 참아 내는 사람은 매우 소수에 불과하다는 것을 알고 있습니다.

학자라는 직업의 외적 조건에 대한 이야기는 이 정도로 족하다고 생각합니다.

내적 조건 : 열정과 소명의식

어차피 여러분은 이런 외적 측면보다는 오히려 다른 어떤 측면, 즉 학문에 대한 내적 소명에 관해서 듣고 싶어할 것이라고 짐작합니다. 그럼 앞장에서 개괄한 바와 같은 외적 조직을 가진 학문을 직업으로 삼고자 하는 자가 오늘날 처하게 되는 내적 상황은 어떤 것일까요?

이 내적 상황을 규정하는 첫 번째 사실은 학문이 예전과는 비교할 수 없을 정도로 깊은 전문화단계에 들어갔으며, 또 이 과정은 앞으로도 계속 진행될 것이라는 점입니다. 오늘날 우리가, 외적으로도 그렇지만 특히 내적으로, 한 학문영역에서 진실로 아주 탁월한 것을 성취했다는 자신감을 가질 수 있는 유일한 경우는 매우 엄격한 전문화를 성취했을 경우뿐입니다. 인접영역을 침범하는 모든 연구에는 — 우리는 간혹 이런 연구를 수행하며, 예를 들면 특히 사회학자들은 부득이하게 이런 연구를 자주 수행할 수밖에 없지만 ─ 다음과 같은 체념적 의식이 깔려 있습니다. 즉, 우리의 이런 영역 침범적 연구는 기껏해야 그 인접영역의 전문가에게 그의 전문적 관점에서는 그렇게 쉽게 떠오르지 않는 유용한 **문제제기들을** 제공해 줄 뿐이며, 우리 자신의 연구는 불가피하게 극도로 불완전한 상태에 있을 수밖에 없다는 체념 말입니다. 실제로 학자가 일생에 단 한 번만이라도, "이번에 내가 성취한 것은 그 가치가 지속될 것이다"라는 만족감을 느낄 수 있다면, 그것은 오로지 엄밀한 전문적 작업을 통해서 가능할 뿐입니다.

오늘날 진실로 결정적이며 유용한 업적은 항상 전문적 업적입니다. 그러므로 말하자면 일단 눈가리개를 하고서, 어느 고대 필사본의 한 구절을 옳게 판독해 내는 것에 자기 영혼의 운명이 달려 있다는 생각에 침잠할 능력이 없는 사람은 아예 학문을 단념하십시오. 이런 능력이 없는 사람은 우리가 학문의 〈체험〉이라고 부를 수 있는 것을 결코 자기 내면에서 경험하지 못할 것입니다. 학문에 문외한인 모든 사람들로부터는 조롱당하는 저 기이한 도취, 저 열정, "네가 태어나기까지는 수천 년이 경과할 수밖에 없었으며", 네가 그 판독에 성공할지를 "또 다른 수천 년이 침묵하면서 기다리고 있다"고 생각할 수 없는 사람은 학문에 대한 소명이 **없는 것이니** 다른 어떤 일을 하십시오. 왜냐하면 **열정**을 가지고 **할 수 있는 것**만이 진정으로 가치 있는 일이기 때문입니다.

그러나 열정이 아무리 많고 순수하며 깊다고 하더라도, 그러한 열정만으로는 어떤 학문적 성과도 억지로 얻어 낼 수 없다는 것은 분명합니다. 물론 열정은 학문에서 결정적 요인인 〈영감〉의 전제조건입니다. 오늘날 많은 젊은 이들은, 학문이 〈혼〉을 바치는 작업이 아니라 단지 냉정한 지성만을 가지고 실험실이나 통계실에서 제조되는 계산문제가 되어 버렸다고 생각합니다. 마치 공장에서 상품이 만들어지듯이 말입니다.

이에 대해 무엇보다도 먼저 언급해야 할 것은 그렇게 말하는 사람들 대부분은 공장이나 실험실에서 일이 어떻게 진행되는지를 분명하게 알고 있지 못하다는 점입니다. 공장에서나 실험실에서나 어떤 가치 있는 일을 하기 위해서는 무언가가 — 그것도 적절한 무언가가 — 사람의 머리에 떠올라야 합니다. 그렇지만 이러한 착상은 억지로는 안 됩니다. 착상은 그 어떤 냉정한 계산과도 무관합니다. 물론 계산도 역시 필수 불가결한 전제조건이기는 합니다. 예를 들어 사회학자는 노년에 가서도 어쩌면 수개월간이나 아주 하찮은 수만 개의 계산문제를 머릿속에서 풀 수 있어야 하며 그러기에는 자신이 너무 아깝다고 생각해서는 결코 안 됩니다. 어떤 결과를 얻고자 할 때, 그 작업을 기계적 보조수단들에 맡겨 버리려고 하면 벌을 받기 마련입니다. 그리고 마침내 나오는 결과도 대개는 지극히 미미합니다. 그러나 자신의 계산의 방향에 대해서 그리고 계산하는 도중에 나오는 개개 결과의 함의에 대해서 어떤 특정한 생각이 그에게 〈떠오르지〉 않는다면, 이 지극히 미미한 결과마저도 나오지 않습니다.

일반적으로 착상은 끈덕진 작업이라는 토양에서만 싹이 틉니다. 물론 항상 그런 것은 아닙니다. 아마추어의 착상이 학문적으로 전문가의 착상에 못지않거나 아니면 그보다 더 큰 의의를 지닐 수 있습니다. 우리 학계의 가장 탁월한 문제제기와 인식 중 많은 것은 바로 아마추어들 덕분에 획득할 수 있었던 것입니다. 아마추어와 전문가의 차이점은 단지 ─ 헬름홀츠가 로베르트 마이어[9]에 대해 말한 바와 같이 ─, 아마추어는 연구방법의 확고한 확실성을 결여하고 있기 때문에 대개의 경우 착상의 의의를 사

---

9) Julius Robert von Mayer (1814~1874). 독일의 의학자이자 물리학자.

후검증하고 평가하거나 그 착상을 실현시킬 수 없다는 점 뿐입니다.

물론 착상이 작업을 대신하지는 못 합니다. 또 작업도 착상을 대신하거나 착상을 억지로 불러 낼 수는 없는데, 이것은 열정이 착상을 불러내지 못하는 것과 같습니다. 이 둘, 즉 열정과 작업이 — 특히 그 둘이 **합쳐져서** — 착상을 유인해 냅니다.

그러나 착상은 자기 좋을 때 나타나지 우리가 원하는 때 나타나는 것은 아닙니다. 가장 좋은 착상들은 책상에 앉아서 골똘히 생각하며 찾을 때 나타나는 것이 아니라 — 예링10) 이 서술하는 바와 같이 — 소파에 앉아서 담배를 피우고 있을 때라든지 또는 헬름홀츠가 자연과학적 엄밀성을 가지고 자신의 경험에 대해 말하는 바와 같이, 완만한 오르막길을 산책하고 있을 때라든지 아니면 그와 비슷한 경우에 나타납니다. 어쨌든 착상은 그것을 기대하고

---

10) Rudolf von Jhering(1818~1892). 독일 법학자. 그의 《로마법의 정신》(1852~1865)과 《권리를 위한 투쟁》(1872), 《법의 목적》(1877~1883) 등은 현대 법학의 발전에 지대한 영향을 끼친 고전들이다. 막스 베버 역시 그로부터 깊은 영향을 받았다.

있지 않을 때 나타난다고 하는 것은 실로 옳은 말입니다. 물론 책상에 앉아 골똘히 생각하면서 대답을 정열적으로 찾지 않았다면, 좋은 생각이 떠오르지 않았을 것입니다.

어쨌든 학문적 노동자는 모든 학문연구에서 작용하고 있는 이러한 요행, 즉 영감이 떠오르느냐 안 떠오르느냐 라는 요행을 감수하지 않으면 안 됩니다. 어떤 사람은 뛰어난 학문적 노동자이면서도 가치 있는 독창적 착상은 한 번도 가져보지 못했을 수도 있습니다. 그러나 이것은 학문에만 해당되는 사항이지, 가령 회사 사무실에서는 실험실의 경우와는 사정이 다르다고 생각하는 것은 대단한 오류입니다. 〈상인적 상상력〉이 없는, 다시 말해 착상, 천재적 착상이 없는 상인이나 실업가는 평생 점원이나 기술관료로 머물러 있는 편이 가장 좋을 그런 사람에 불과합니다. 그런 사람은 결코 조직상의 혁신들을 이룩해내지 못할 것입니다.

영감이, 현실생활의 문제들을 해결하는 근대적 기업가의 활동영역에서보다 학문의 영역에서 더 큰 역할을 하는 것 ― 학자의 오만함은 이런 착각을 하게 하지만 ― 은 결코 아닙니다. 또 다른 한편으로는 ― 이것도 흔히 오해되고 있는데 ― 영감이 학문영역에서는 예술영역에서보다도 더 적은 역할을 하고 있는 것도 아닙니다.

수학자가 책상에 앉아서 자 또는 그 밖의 기계적 수단 또는 계산기나 가지고서 학문적으로 가치 있는 그 어떤 결과에 도달할 것이라고 생각한다면 그것은 순진한 생각입니다. 바이어슈트라스[11] 같은 사람의 수학적 상상력은 그 의미와 결과 면에서는 당연히 예술가의 상상력과는 전혀 다른 목표를 가지고 있으며, 질적으로도 그것과는 근본적으로 다릅니다. 그러나 심리적 과정에서는 다르지 않습니다. 양쪽의 심리적 과정은 둘 다 (플라톤의 마니아[12]라는 의미에서의) 도취와 〈영감〉입니다.

아무튼 어떤 사람이 학문적 영감을 얻게 될지 여부는, 〔언제 올지〕 우리로서는 알 수 없는 운명적 순간에 달려 있지만, 물론 그 외에 〈천부적 재능〉에도 달려 있습니다. 또한 앞서 말했듯이 영감이 중요하다는 것은 분명한 사실입니다. 그런데 이러한 영감 중시 경향이 특히 젊은 계층

---

11) Karl Weierstrass(1815~1897). 독일의 수학자. 수학에서 해석함수론의 정립자로 유명하다.
12) Mania. 광기라는 뜻의 그리스어. 플라톤 철학의 중요 개념으로서, 병자의 광기와는 다른, 신으로부터 부여된 신적 광기를 뜻한다.

— 이것은 매우 당연한 일이지만 — 사이에서 몇몇 우상을 낳았는데, 오늘날에는 이 우상들에 대한 숭배가 길모퉁이마다 잡지마다 널리 퍼져 있음을 볼 수 있습니다. 그 우상들이란 〈개성〉과 〈체험〉입니다. 이 두 우상은 서로 밀접하게 결합되어 있습니다. 곧 체험이 개성의 본질을 이루며 체험이 개성의 특징이라는 관념이 지배하고 있다는 말입니다. 요즈음 젊은이들은 체험하느라 고생합니다. 왜냐하면 그것이 개성을 지닌 사람의 신분에 어울리는 생활양식이라고 생각하기 때문입니다. 그리고 체험하는 데 성공하지 못하면 사람들은 적어도 이 귀중한 능력을 가지고 있는 듯이 행동합니다. 예전 사람들은 이 〈체험〉을 솔직하게 〈센세이션〉이라고 불렀습니다. 나는 〈개성〉이 무엇이며 그것이 어떤 의미를 가지는지에 대해서는 예전 사람들이 더 적절한 생각을 지녔다고 믿습니다.

존경하는 청중 여러분! 학문영역에서는 **순수하게 자신의 주제에 헌신하는** 사람만이 〈개성〉을 가지고 있습니다. 그리고 이것은 학문영역에서만 그런 것이 아닙니다. 위대한 예술가치고 자기 일에, 그리고 오로지 자기 일에만 헌신하는 것 이외에 다른 일을 한 예술가를 우리는 알지 못합니다. 심지어 괴테같이 위대한 인물에 있어서 마저도 감히 자기의 〈삶〉 자체를 예술작품으로 만들려고 했던 시도는 최소한 그의 예술에는 부정적 영향을 끼쳤던 것입니다. 물론 〔괴테의 예술에 대한〕 이런 평가에 반론을 제기할 수도 있습니다. 그러나 어쨌든 괴테 정도는 되어야 감히 그런 시도나마 해볼 수 있는 것이며, 심지어 수천 년 만에 한 번 나타나는 괴테 같은 인물마저도 이 시도에 대한 최소한의 대가를 치르지 않을 수 없었다는 점만은 누구나 인정할 것입니다. 정치의 경우도 사정이 다르지는 않습니다. 그렇지만 오늘은 정치에 대해서는 말하지 않겠습니다.

그러나 학문의 영역에서는 아래와 같은 사람은 분명히 〈개성〉을 가진 사람이 아닙니다. 자신이 헌신해야 할 과업의 흥행주로서 무대에 함께 나타나는 사람, 체험을 통해 자신을 정당화하려는 사람, 어떻게 하면 내가 단순한 〈전문가〉와는 다른 어떤 존재임을 증명할 수 있을까, 또 어떻게 하면 나는 형식이나 내용 면에서 다른 어느 누구도 말하지 않은 그런 방식으로 무언가를 말할 수 있을까라고 묻는 사람, 이런 사람들은 〈개성〉을 가진 사람이 아닙니다. 이런 태도는 오늘날 광범위하게 나타나는 현상인데, 이는 어디에서나 천한 인상을 주며, 또 그렇게 묻는 사람의 가치를 떨어뜨리고 있습니다. 이와 달리 오직 과업에만 내적으로 몰두하는 자는, 이를 통해 그 자신이 헌신하는 과업의 정점에 오르고, 또 이 과업의 진가(眞價)를 보여주게 됩니다. 이것은 예술가의 경우에도 마찬가지입니다.

02 　　　　　合리화 과정과 학문의 발전

주지주의적 합리화

위에서 학술적 연구작업과 예술적 창조작업이 공유하는
전제조건들을 살펴보았습니다. 그러나 학술적 연구작업
을 예술적 작업과 구분짓는 하나의 움직일 수 없는 사실이
있습니다. 학문연구는 **진보**의 과정에 편입되어 있다는 사
실이 바로 그것입니다. 이에 반해 예술영역에는 — 학문
의 경우와 같은 의미에서의 — 진보가 없습니다. 새로운
기술적 수단을 개발했던 시대의 예술품, 가령 원근법을
개발했던 시대의 예술품이 그러한 수단과 법칙에 대한 지
식이 전혀 없는 예술품보다, 단지 새로운 기술적 수단이

나 원근법을 사용했다는 이유로, 순수한 예술적 관점에서 항상 더 뛰어난 것은 아닙니다 — 다만, 후자의 예술품이 재료적 적합성과 형식적 적합성을 지니고 있다면, 다시 말해서 상기한 기술적 조건과 수단을 사용하지 않고서도 예술성에 합당할 수 있도록 그 대상을 선택하고 형상화했다면 말입니다.

진실로 〈완성〉된 예술품은 능가되는 일이 없을 것입니다. 또 그것은 낡아 버리지도 않습니다. 개개인은 이러한 완성된 예술품의 의의를 각각 다르게 평가할 수는 있습니다. 그러나 아무도 예술적 의미에서 진실로 〈완성〉된 작품이 다른 하나의, 역시 〈완성〉된 작품에 의해 〈추월당했다〉라고는 결코 말할 수 없을 것입니다.

이에 반해 학문에서는 자기가 연구한 것이 10년, 20년, 50년이 지나면 낡은 것이 돼 버린다는 사실을 우리 모두는 알고 있습니다. 이것이 학문연구의 운명이며 더 나아가 학문연구의 **목표**입니다. 학문은, 똑같은 운명에 처해 있는 그 밖의 모든 문화요소들의 경우와는 다른 매우 독특한 의미에서 이 운명과 목표에 예속되고 내맡겨져 있습니다. 학문상의 모든 〈성취〉는 새로운 〈질문〉을 뜻합니다. 그리고 이 〈성취〉는 〈능가〉되고 낡아버리기를 **원합니다.**

학문에 헌신하고자 하는 자는 누구나 이것을 감수해야 합니다.

물론 학문적 업적이 그것의 예술적 우수성 때문에 〈향유수단〉으로서 또는 학문적 작업에 대한 훈련수단으로서 지속적으로 그 중요성을 유지할 수도 있습니다. 그러나 학문적으로 능가된다는 것은 — 다시 한번 말합니다만 — 우리 모두의 운명일 뿐만 아니라 우리 모두의 목적이기도 합니다. 우리는 다른 사람들이 우리보다 더 멀리 나아가기를 희망하지 않고서는 연구할 수 없습니다. 이러한 진보는 원칙적으로 무한히 계속됩니다.

이로써 우리는 학문의 **의미문제**에 당면하게 됩니다. 왜냐하면 무한한 진보라는 법칙에 예속되어 있는 것이 과연 그 자체가 본질적으로 의미가 있는지 여부는 그렇게 자명한 것은 아니기 때문입니다. 사실 결코 종결되지 않으며, 또 종결될 수도 없는 것을 사람들은 왜 하는 것입니까? 그것은 우선, 순수하게 실용적 목적, 즉 광의의 기술적 목적을 위해서라고 사람들은 말합니다. 다시 말하여, 우리의 실천적 행동을 과학적 경험이 제공하는 예측들에 준거시킬 수 있기 위해서라고 사람들은 말합니다. 좋습니다. 그렇지만 이런 목적은 실천가에게만 의미를 지닐 뿐입니다.

그러나 학문이라는 직업에 대한 학자 자신의 내적 입장은 무엇입니까? ― 물론 그가 내적 입장 정립을 도대체 추구하기나 한다면 말입니다. 학자는 다음과 같이 주장합니다. 단순히 다른 사람들이 학문에 힘입어 사업적 또는 기술적 성과를 얻도록 하기 위해서 또는 더 잘 먹고, 더 잘 입고, 더 밝게 조명하며 더 잘 통치하도록 하기 위해서만 학문에 종사하는 것이 아니라, 〈학문 자체를 위해서〉 학문에 종사한다고 말합니다. 그러나 그는 항상 낡아버릴 수밖에 없는 자신의 업적들을 통해 도대체 그 어떤 의미 있는 것을 성취할 수 있다고 믿습니까?

다시 말하여 전문분야로 나뉘어 있으며 무한히 진행되는 이 작업에 참여함으로써 도대체 그는 그 어떤 의미 있는 것을 성취할 수 있다고 믿습니까? 이 문제는 몇 가지 일반적 사항에 대한 논의를 필요로 합니다.

학문의 진보는 우리가 수천 년 전부터 겪어온 저 주지주의화(主知主義化) 과정13)의 한 작은, 그러나 물론 가

---

13) Intellektualisierung. 여기서 '주지주의'란 지(知), 정(情), 의(意) 등 인간의 마음을 이루는 속성들 가운데 지의 측면, 즉 이성, 지성, 오성으로 지칭되는 지의 기능을 감정(주정주

장 중요한 부분입니다. 그런데 이 주지주의화 과정에 대
해서 요즈음 사람들은 일반적으로 지극히 부정적 입장을
취하고 있습니다.

우선 과학과 과학기술에 의한 주지주의적 합리화가 실
제로 무엇을 뜻하는지를 살펴봅시다. 그것은 오늘날 우리
가, 가령 여기 강당에 앉아 있는 사람 모두가 인디언이나
호텐토트인14) 보다 자신의 생활조건에 대해서 더 많은 지
식을 가지고 있다는 것을 뜻하는 것입니까? 그렇다고 하
기는 어렵습니다.

전차를 타는 우리 중의 어느 누구도 — 그가 전문 물리
학자가 아니라면 — 전차가 어떻게 해서 움직이게 되는지
를 전혀 알지 못합니다. 또 그것에 대해 알 필요도 없습니
다. 그가 전차의 작동을 〈신뢰〉할 수 있으면 그것으로 충
분하며 그는 이 신뢰에 기초하여 행동합니다. 그러나 그
는 어떻게 전차가 이렇게 움직일 수 있도록 제조되는지에
대해서는 아무 것도 모릅니다.

그에 반해 미개인은 자신의 도구가 어떻게 만들어졌고

의) 이나 의지 (주의주의) 의 기능보다도 상위에 두는 입장을
　　뜻하는 것으로 이해된다.
14) Hottentotte. 아프리카의 나미비아 남부에 사는 유목 민족.

또 어떻게 작동하는지에 대해서 우리와는 비교할 수 없을 정도로 훨씬 더 잘 알고 있었습니다. 오늘날 우리가 돈을 지불할 때 돈으로 물건을 — 때로는 많이, 때로는 적게 — 살 수 있는 일이 화폐의 어떤 속성에 의해 가능한가 라는 질문에 대해서는 거의 모두가 각각 다른 대답을 가지고 있을 것이라고 저는 장담합니다. 심지어 이 강당에 나의 동료 경제학자들이 있더라도 그들 역시 마찬가지일 것입니다. 그러나 미개인은 매일 매일의 식량을 얻기 위해서는 어떻게 해야 하는지, 또 어떤 제도들이 그렇게 하는데 도움이 되는지를 알고 있었습니다.

그러므로 주지주의화와 합리화의 증대가 곧 우리가 처해 있는 생활조건에 대한 일상인들의 일반적 지식의 증대를 뜻하지는 **않습니다**. 그것은 오히려 다음과 같은 것을 뜻합니다. 우리는 **원하기만 한다면** 언제라도 우리의 삶의 조건들에 대한 지식을 얻을 수 있다는 것, 따라서 우리의 삶에서 작용하는 어떤 힘들도 원래 신비스럽고 예측할 수 없는 힘들이 아니라는 것, 오히려 모든 사물은 — 원칙적으로는 — 계산을 통해 지배될 수 있다는 것을 우리들이 알고 있거나 또는 그렇게 믿고 있다는 것을 뜻합니다.

이것은 세계의 탈주술화(脫呪術化)를 뜻합니다. 그러

한 신비하고 예측할 수 없는 힘의 존재를 믿은 미개인이 했던 것처럼 정령(精靈)을 다스리거나 정령에게 간청하고 그 마음을 움직이기 위해 주술적 수단에 호소하는 따위의 일은 우리는 더 이상 할 필요가 없습니다. 정령에게 부탁했던 일들을 오늘날은 기술적 수단과 계산이 대신해 줍니다. 무엇보다도 이것이 주지주의화가 그 자체로서 의미하는 바입니다.

근대학문과 '의미'의 문제

그러면 서구문화에서 수천 년 동안 계속되어 온 이 탈주술화 과정이, 더 나아가 이 〈진보〉가 — 과학은 이 진보의 구성요소인 동시에 그 추진력입니다 — 이처럼 순수하게 실용적이고 기술적인 의미 이외에 도대체 어떤 의미를 갖고 있습니까?

　이 문제는 레오 톨스토이의 작품들 속에 가장 근본적으로 제기되어 있습니다. 그는 특이한 길을 거쳐 이 문제를 제기하게 되었으며, 그가 깊이 사색한 모든 문제는 점점 다음과 같은 질문으로 모아졌습니다.

'**죽음**은 의미 있는 현상인가 아닌가?'

그의 대답은 죽음이란 문화인에게는 의미 있는 현상이 아니라는 것이었습니다. 그 이유는 끝없는 〈진보〉 과정 속에 편입되어 있는 문화인 개개의 문명화된 삶은 이 삶의 내재적 의미상 결코 종결될 수 없는 것이기 때문이라는 것입니다. 왜냐하면 진보 속에 있는 자 앞에는 계속 또 다른 진보가 놓여 있기 때문입니다.

어느 누구도 자신의 죽음의 시점에서 스스로가 진보의 절정에 서 있다고 볼 수는 없는데 왜냐하면 이 진보의 절정은 무한 속에 놓여 있고 따라서 영원히 도달할 수 없는 것이기 때문입니다. 아브라함[15]이든 또는 고대의 어떤 다른 농부든 간에 그들은 〈늙었지만 생(生)을 살 만큼 살았다〉는 느낌, 즉 생에 대한 포만감을 가지고 죽었습니다. 왜냐하면 그들은 생명의 유기적 순환 속에 있었고, 또한 그들의 인생은 그들에게 의미의 차원에서도 말년에는 인생이 줄 수 있는 모든 것을 주었고, 또한 그들이 풀고 싶은 수수께끼도 더 이상 남아 있지 않았으므로 그들은 이제 생은 이것으로 〈충분하다〉라고 생각할 수 있었기 때

---

15) 《구약성서》 '창세기'에 기록되어 있는 이스라엘인의 시조.

문입니다.

그러나 문명이 사상, 지식, 또는 제반 문제들로 끊임없이 농축되어 가는 과정 속에 있는 근대 문화인은 〈생에 지칠〉 수는 있어도, 생에 대해 포만감을 느낄 수는 없습니다. 왜냐하면 그는 정신의 활력이 항상 새롭게 창출하는 것 중에서 극히 작은 부분만을, 또한 최종적인 것이 아니라 단지 일시적인 것만을 재빨리 낚아챌 수 있을 뿐이기 때문입니다. 따라서 죽음이란 그에게는 하나의 의미 없는 사건입니다. 그리고 죽음이 의미가 없기 때문에 문화생활 자체도 의미가 없습니다. 그럴 수밖에 없는 것이 문화생활이 바로 스스로의 무의미한 〈진보〉를 통해 죽음을 의미 없는 것으로 낙인찍고 있기 때문입니다. 이러한 사상은 톨스토이의 후기 소설들의 어디에서나 발견되며, 이것은 그의 예술의 기조입니다.

톨스토이의 이러한 견해에 대해 우리는 어떤 입장을 취할 수 있을까요? 〈진보〉 자체가 기술적인 것을 넘어서는 어떤 인식 가능한 의미를 갖고 있을까요? 만약 그렇다면 진보에 대한 헌신이 의미 있는 소명이 될 수 있을 것입니다. 이러한 질문은 제기되지 않을 수 없습니다. 그러나 이것은 더 이상 학문에 **대한** 소명의 문제가 아니며, 학문에 헌신하는 자에게 직업으로서의 학문은 무엇을 뜻하는 가 라는 문제와는 이미 다른 차원의 문제입니다. 즉, 인간의 생활 전체 속에서 **학문의 소명**은 무엇이며 또 그것의 가치는 무엇인가 라는 문제인 것입니다.

이 문제에 관해서는 과거와 현재 사이에 엄청난 차이가 있습니다. 플라톤의 《국가론》 제 7편 첫머리에 있는 놀라운 비유, 쇠사슬에 묶여 있는 동굴인간들에 대한 비유를 상기해 보십시오. 그들의 얼굴은 앞에 있는 암벽을 향하고 있으며, 등 뒤에는 광원(光源)이 있지만, 그들은 이 광원을 볼 수 없습니다. 그래서 그들은 그 빛이 벽에 던지는 그림자들만을 상대하면서 그 그림자들 간의 관계를 규명하려고 노력합니다. 그러는 가운데 그들 중의 한 명이 사슬을 끊어 버리는 데 성공합니다. 그리고 몸을 뒤로 돌리자 그는 태양을 보게 됩니다. 그는 눈이 부셔 주위를 더듬으면서 자기가 본 것에 대해 중얼거립니다. 다른 사람들은 그가 미쳤다고 말합니다. 그러나 그는 차츰 빛을 보는 데 익숙해집니다.

이제 그의 임무는 동굴인간들에게 내려가서 그들을 광명으로 인도하여 올라오는 것입니다. 그는 철학자에 해당

되며 태양은 학문의 진리를 상징하는데, 학문만이 허상과 그림자가 아닌 진정한 존재를 포착하려고 노력한다는 것입니다.

그런데 오늘날에 과연 누가 학문에 대해 그러한 태도를 취하고 있습니까? 특히 오늘날의 젊은이들은 오히려 그 반대로 느끼고 있습니다. 즉, 학문의 사유체(思惟體)들은 인위적 추상들의 음험(陰險)한 왕국이며, 이 인위적 추상들은 그 깡마른 손으로 진정한 생(生)의 피와 액(液)을 포탈하려고 하지만 결코 이것을 손에 넣지 못하고 있다는 것입니다. 그러나 바로 이 생 속에서 — 플라톤에게는 동굴벽에서의 그림자들의 유희이었던 것, 바로 그 속에서 — 참된 현실이 고동치고 있다는 것입니다. 다른 모든 것들은 그 참된 현실로부터 파생된 생명 없는 유령들에 지나지 않는다는 것입니다.

이러한 변화는 어떻게 해서 일어났습니까? 《국가론》에서 플라톤이 보여주는 정열적 열광은 따지고 보면 그 당시 모든 과학적 인식의 중대한 수단 중의 하나, 즉 **개념**이라는 수단16)의 의미가 인식되기 시작했다는 사실에서 유래

---

16) 플라톤의 인식론에 의하면 지식은 개념으로 실현되며, 후천적으로 획득되는 것이 아니다. 또한 개념의 대상은 감각적

하는 것입니다. 개념이라는 수단이 가진 함의는 소크라테스에 의해 발견되었습니다. 물론 소크라테스만이 이 함의를 발견한 것은 아닙니다. 인도에서도 아리스토텔레스의 논리학과 매우 유사한 논리학의 맹아를 찾아볼 수 있습니다. 그러나 어디에서도 개념의 중요성에 대한 그리스에서와 같은 그러한 자각은 없었습니다. 자기가 아무 것도 모른다는 것을 인정하거나, 아니면 바로 이것이 진리라는 것, 확고하고 결코 사라지지 않을 **영원한** 진리라는 것을 인정하지 않고서는 빠져 나올 수 없도록 사람을 논리적 나사 바이스17)에 집어넣을 수 있는 수단을 그리스인들이 최초로 수중에 넣은 것 같아 보였습니다. 이것이 소크라테스의 제자들이 겪은 엄청난 체험이었습니다.

세계가 아닌바, 왜냐하면 개념은 통일적인 것, 영원한 것에 대한 앎이기 때문이다. 개념적 인식의 대상은 감각적인 것들과 독립적으로 존재하는 이데아의 세계이다. 플라톤의 이러한 사상의 원천이, 베버도 지적하고 있듯이 소크라테스임은 두말할 나위도 없다. 소크라테스에 의하면 표상은 특수적이며 따라서 언제나 변화될 수 있지만, 개념은 보편적이고 불변적이며 사물의 본질을 내포한다. 따라서 올바른 개념의 발견이 인식의 목적이 된다.

17) 공작물을 고정시키는 공구.

이 체험에서 다음과 같은 결론이 도출되는 듯 보였습니다. 진(眞), 선(善) 또는 용기나 영혼 — 아니면 그 어떤 것이든 — 에 대해 올바른 개념을 찾아내기만 한다면, 그것들의 진정한 존재도 파악할 수 있을 것이라는 결론 말입니다. 진정한 존재의 파악은 다시금 우리가 우리의 삶에서 어떻게 올바르게 **행동**해야 하는지, 그리고 무엇보다도 도시국가의 시민으로서 어떻게 올바르게 행동해야 하는지를 인식하고 또 가르칠 수 있는 방법을 제공해 주는 듯이 보였습니다. 왜냐하면 철두철미하게 정치적으로 사고하는 고대 그리스인들에게는 모든 것이 이 문제에 달려 있었기 때문입니다. 학문도 이런 목적에서 수행했던 것입니다.

고대 그리스인의 이러한 발견 이외에 과학연구의 두 번째 중대한 도구가 르네상스 시대의 산물로서 등장했는데, 그것은 신뢰할 수 있는 방식으로 경험을 검증하는 수단인 합리적 실험이었습니다. 이것이 없었다면 오늘날의 경험과학은 불가능했을 것입니다. 물론 그 이전에도 사람들은 실험을 했습니다. 가령 인도에서는 요가의 금욕기술 개발을 위한 생리학적 실험이 있었으며, 수학적 실험은 고대 그리스의 경우 전쟁기술적 목적을 위해, 중세 때는 광산채

굴의 목적에서 실시되었습니다. 그러나 실험을 연구 그 자체의 원리로까지 승화시킨 것은 르네상스의 업적입니다.

그런데 이런 발전의 선구자들은 레오나르도 다빈치 같은 예술영역에서의 위대한 개혁가들이었습니다. 특히 실험건반을 사용한 16세기의 음악실험자들은 독특했습니다. 이러한 개혁가들로부터 시작해서 특히 갈릴레이를 통해 실험이 과학에 도입되었으며, 베이컨을 통해 이론영역에 도입되었습니다. 그 후에는 유럽대륙의 대학들, 그 중에서도 이탈리아와 네덜란드에 있는 대학들에서 처음으로 정밀과학적 개별분야들이 실험을 계승하였습니다.

그러면 학문은 근대의 문턱에 있던 이 사람들에게는 무엇을 뜻하였을까요? 레오나르도와 같은 예술분야의 실험자들과 음악분야의 개혁자들에게 그것은 **진정한** 예술에 도달하는 길을 의미하였는데, 그 길은 그들에게는 동시에 진정한 **자연**에 도달하는 길이기도 하였습니다. 그래서 이들은 예술이 과학의 지위로까지 높여져야 마땅하다는 것, 동시에 무엇보다도 예술가가 사회적으로 보나 그의 삶의 내용으로 보나 학자의 지위로 격상되어야 한다고 생각했습니다. 이것은 레오나르도의 스케치북에도 깔린 야심입니다.

그러면 오늘날은 어떻습니까? 〈자연에 도달하는 길로서의 학문〉 — 이것은 오늘날의 젊은이들에게는 신성모독처럼 들릴 것입니다. 아니 오늘날의 상황은 정반대입니다. 오늘날의 젊은이들은 자신의 본성 그리고 이와 함께 자연 일반으로 되돌아가기 위해서는 학문의 주지주의로부터 해방되어야 한다고 믿습니다. 더욱이 예술에 도달하는 길로서의 학문? 이에 대해서는 논평할 필요조차 없습니다.

그러나 정밀 자연과학이 탄생한 시대의 사람들은 과학으로부터 위에서 언급한 것보다 더 많은 것을 기대하였습니다. 여러분들이 슈밤메르담[18]의 말, 즉 "나는 여기서 한 마리 이의 신체구조 속에 들어 있는 신의 섭리를 여러분들에게 증명해 보이겠습니다"라는 말을 상기한다면, 프로테스탄티즘과 퓨리터니즘으로부터 (간접적으로) 영향을 받은 과학연구가 당시에 무엇을 그 자신의 과제로 삼았는지를 알게 됩니다. 그것은 신(神)으로의 길을 찾는 것이었습니다. 이미 그 당시 사람들도 이 길을 철학자들에게서는, 그리고 이들의 개념 및 연역에서는 발견하지 못

---

18) Jan Swammerdam(1637~1680). 네덜란드의 박물학자이자 해부학자. 그는 곤충학의 창시자로 불린다.

했던 것입니다.

이 길, 즉 중세가 신을 찾으려고 했던 이 길[19]을 통해서는 신을 찾을 수 없다는 것을 그 당시의 모든 경건과 신학자, 특히 슈페너[20]는 알고 있었습니다. 이들에 의하면 신은 숨겨져 있고, 그의 길은 우리의 길이 아니며, 그의 사상은 우리의 사상이 아닌 것입니다. 그러나 신의 창조물들을 물리적으로 포착할 수 있는 정밀 자연과학에서는 세계에 대한 신의 의도에 대해서 단서를 찾을 수 있으리라고 희망했습니다.

그러면 오늘날은 어떻습니까? 특히 자연과학분야에서 발견되는 몇몇 애어른들을 제외하면, 오늘날 누가 아직도 천문학이나 생리학, 물리학, 화학 등의 지식이 세계의 의미에 대해서 뭔가를 가르쳐 줄 수 있다고 믿습니까? 아니면 누가 아직도 이런 학문들이 최소한 어떻게 우리가 세계의 의미 — 도대체 이런 의미가 있기나 하다면 — 의 단서를 찾을 수 있을지에 대해 뭔가를 가르쳐 줄 수 있다고 믿

---

19) 베버는 아마도 스콜라철학의 방법을 염두에 둔 듯하다.

20) Philip Jacob Spener. 독일 경건주의 지도자. 루터파 교회의 내부쇄신운동을 일으켜 독일 경건주의의 제 1세대를 형성했다.

습니까?

이 문제에 관한 한 자연과학은 오히려 세계의 〈의미〉 같은 것이 있다는 믿음을 송두리째 파괴하는 데 적합할 뿐입니다! 그리고 더욱이 학문을 〈신에 도달하는 길〉로 여긴다? 다시 말해 신에 대해서는 각별히 냉담한 힘인 학문을 〈신에 도달하는 길〉로 여긴다? 학문이 신에 대해서는 각별히 냉담한 힘이라는 사실에 대해서 — 이것을 고백하든 안 하든 간에 — 자신의 내면 깊은 곳에서 의심하는 사람은 오늘날 아무도 없을 것입니다.

학문의 합리주의와 주지주의에서 해방되는 것이 신적인 것과의 연대 속에 사는 삶의 근본적 전제조건이라는 주장, 이러한 주장 또는 의미상 이와 유사한 주장이 종교적으로 경도되거나 종교적 체험을 추구하는 우리의 젊은이들의 정서에서 항상 발견할 수 있는 기본적 슬로건 중의 하나입니다. 그리고 이들에 의하면 학문의 합리주의와 주지주의로부터의 해방은 비단 종교적 체험을 위해서뿐만 아니라, 오히려 체험 일반을 위한 근본적 전제조건이라는 것입니다. 다만 기이한 것은, 체험을 위해 이들이 택하는 길입니다. 이들은 주지주의가 지금까지 미처 건드리지 못한 유일한 영역이었던 바로 저 비합리적인 것의 영역까지를 이제는 의식의 영역으로 끌어올려 주지주의의 눈으로 자세하게 관찰하고 있는 것입니다. 왜냐하면 비합리적인 것에 대한 현대의 주지주의적 낭만주의가 결국 실제로 도달하는 곳은 바로 이것, 즉 비합리적인 것마저 주지주의적으로 분해하는 바로 이것이기 때문입니다.

주지주의로부터 자신을 해방시키는 이러한 길은 그 길을 걷는 사람들이 자신들의 목표로 생각한 것과는 정반대의 결과를 가져다줍니다. 끝으로, 사람들이 순진한 낙관주의에서 학문 또는 학문에 기반한 기술, 즉 삶을 지배하는 기술을 **행복**으로의 길로 찬미했다는 사실은 〈행복을 발명한〉 〈최후의 인간들〉[21] 에 대한 니체의 결정적 비판이 있은 이후 이제 더 이상 논의의 가치도 없다고 나는 생각합니다. 강단이나 신문 편집실에 있는 몇몇 애어른들을 제외하면, 도대체 누가 아직도 학문이 행복에의 길이라고

---

21) 니체의 《차라투스트라는 이렇게 말했다》 제1부 제5절에 나오는 구절. 여기서 차라투스트라는 곡예사의 공연을 기다리는 군중에게 '초인'에 대해 설파하면서, 초인에 대한 극단적 대비인간형으로서 안정과 안락(즉, 나태한 '행복')만을 추구하는 소심하고 나약하며 미래가 없는 '최후의 인간'(*der letzte Mensch*) 을 제시하고 있다.

믿고 있단 말입니까?

이제 우리의 주제로 되돌아갑시다. 〈진정한 존재로의 길〉, 〈진정한 예술로의 길〉, 〈진정한 자연으로의 길〉, 〈진정한 신으로의 길〉, 〈진정한 행복으로의 길〉 등 이전의 그 모든 환상이 무너져버린 이상, 직업으로서의 학문의 의미는, 상기한 내적 전제를 고려할 때, 무엇입니까? 이에 대한 가장 간단한 답은 톨스토이가 제시했는데, 그의 답은 다음과 같습니다.

학문은 의미가 없다. 왜냐하면 학문은 우리에게 가장 중요한 문제, 즉 '우리는 윤리적-당위적으로 무엇을 해야 하는가? 우리는 윤리적-당위적으로 어떻게 살아야 하는가?'라는 문제에 대해 어떤 답도 주지 못하기 때문이다.

학문이 답을 주지 못한다는 사실에는 전혀 이론(異論)의 여지가 없습니다. 문제는 다만 학문이 어떤 의미에서 답을 주지 〈못하는가〉라는 것이며, 또한 학문은 이 문제에 대한 답은 주지 못하지만, 문제를 올바르게 제기하는 자에게는 혹시 무엇인가를 제공해 줄 수 있지 않을까 라는 것입니다. 오늘날 사람들은 흔히 〈전제 없는〉 학문에 대해 논하곤 합니다. 그런 학문이 존재합니까? 이것은 우리가 〈전제 없는 학문〉이라는 말을 어떻게 이해하느냐에 달려 있습니다.

　모든 학문연구에는 논리적 그리고 방법론적 규칙들의 타당성이 전제되어 있는데, 이 규칙들은 현실에서 올바른 방향을 찾는 우리 능력의 일반적 기초입니다. 그런데 논리적 방법론적 규칙에 대한 이러한 전제들은, 적어도 여기서 우리가 다루고 있는 특수한 문제에 비추어볼 때는, 가장 논란의 여지가 적은 부분입니다. 그러나 학문연구에는 또 하나의 전제가 깔려 있습니다. 곧 학문연구에서 나오는 결과는 〈알 가치가 있다〉는 의미에서 **중요하다**는 전제가 그것입니다. 그리고 분명히 바로 여기에 우리의 모든 문제가 담겨 있습니다. 왜냐하면 학문연구의 결과가 알 가치가 있다는 의미에서 중요하다는 이 전제 자체는 학문의 수단으로는 증명될 수 없는 것이기 때문입니다. 이 전제는 그것에 깔린 궁극적 의미를 기준으로만 해석될 수 있을 뿐이며, 또한 이 궁극적 의미를 우리는 다시금 삶에 대한 우리의 궁극적 입장이 어떠한가에 따라 거부할 수도 수용할 수도 있는 것입니다.

　더 나아가, 이러한 전제, 즉 학문연구의 결과가 '알 가치가 있다'는 전제는 개개 학문의 구조에 따라 매우 달리

취급됩니다. 예컨대 물리학, 화학, 천문학과 같은 자연과학은 우주의 제 과정들에 대한 — 그 과학의 한도 내에서 구성할 수 있는 — 궁극적 법칙들이 알려질 가치가 있다는 것을 자명한 것으로 전제하고 있습니다. 자연과학자들이 이러한 법칙들을 알 가치가 있다고 전제하는 이유는 단지 그러한 지식으로 기술적 성과를 달성할 수 있기 때문만이 아니라, 만약 이들이 학문을 〈소명〉으로 여긴다면, 이러한 〈지식 그 자체를 위해서〉이기도 한 것입니다. 그러나 알 가치가 있다는 이러한 전제 자체는 결코 증명될 수 없는 것입니다. 그리고 그런 학문들이 서술하는 이 세계가 존재할 가치가 있는 것인지, 그 세계가 〈의미〉를 가지고 있는 것인지, 그 세계에서 사는 것이 의미가 있는 것인지는 더 더욱 증명될 수 없습니다.

자연과학은 그런 것들에 대해서는 묻지 않습니다. 또는 가령 현대의학과 같은 과학적으로 매우 발달한 실용적 기술분야를 살펴봅시다. 의학연구의 일반적 〈전제〉는, 상투적으로 표현하자면, 생명을 보존하는 의무 그 자체 및 고통을 가능한 한 경감시키는 의무 그 자체가 긍정된다는 것입니다. 그런데 바로 이것이 문제입니다. 가령 의사는 불치병에 걸린 환자일지라도 모든 수단을 동원해 그의 생명을 유지합니다. 설사 환자가 죽기를 간청한다 하더라도, 그리고 설사 그의 가족들이 명시적이든 또는 묵시적이든 차라리 그의 죽음을 원하거나 원할 수밖에 없는 상황이라고 하더라도 말입니다. 가령 가족들에게는 이 환자(한 가련한 미치광이라고 칩시다)의 이러한 불치병의 삶이 무가치한 것으로 여겨지고 그래서 그들은 그를 고통으로부터 해방시키고자 하거나 또는 그들에게는 이 무가치한 생명의 보존에 드는 비용을 감당할 능력이 없을 수 있을 것입니다. 그러나 상기한 의학의 전제와 형법전(刑法典)은 의사가 그의 생명유지 노력을 중단하는 것을 허용하지 않습니다. 의학은 삶이 살 가치가 있는지 또 어느 때 그러한지에 대해서는 묻지 않습니다.

모든 자연과학은, 만약 우리가 삶을 **기술적으로** 지배하고자 한다면, 우리가 무엇을 해야 하는가 라는 물음에 대해서는 답을 줍니다. 그러나 자연과학은 우리가 삶을 기술적으로 지배해야 하는지 또 지배하고자 하는지의 여부, 그리고 이 지배가 궁극적으로 도대체 의미가 있는지의 여부에 관한 문제는 전적으로 제쳐놓거나 아니면 자신들의 목적을 위해서는 당연한 것으로, 즉 삶을 기술적으로 지배하는 것이 의미 있다고 전제합니다.

또는 미술학과 같은 분야를 보십시오. 미학에서는 예술품이 존재한다는 사실이 가정되어 있습니다. 미학은 예술품이 존재한다는 사실이 어떤 조건에서 성립하는지를 규명하려고 합니다. 그러나 미학은 예술영역이 혹시 악마가 지배하는 왕국[22]이 아닌지, 또는 세속의 왕국이 아닌지, 따라서 예술은 그 가장 깊은 내면에서는 신에게 적대적이지 않은지 또 예술이 가진 지극히 내면적 형태의 귀족주의적 정신을 두고 볼 때 그것은 반(反) 형제애적인 것이 아닌가 등의 질문을 제기하지 않습니다. 요컨대 미학은 예술품이 **당위적으로** 존재해야 **하느냐고는** 묻지 않습니다.

또는 법학을 보십시오. 법학은 법률적 사고 — 이 사고는 한편에서는 논리적 정연성 원칙에 구속되어 있으며, 또 다른 한편에서는 관습적으로 주어진 규준들에 구속되어 있습니다 — 의 규칙들에 따라서 무엇이 타당한지를 확인합니다. 다시 말하여, 법학은 특정한 법 규칙들과 특정

―――――――

22) 19세기 말에 반도덕적 퇴폐주의와 탐미주의가 팽배했는바, 이런 경향에 대한 반동으로 인생의 뒤에 숨은 어두운 면에만 주목하는 작가에게 악마주의적이라는 비판적 낙인이 찍혔다. 보들레르가 중요한 예이다. 베버는 여기서 이런 배경을 암시하고 있는 것 같다.

한 해석방법들이 구속력이 있는 것이라고 인정되어 **있을 경우에** 비로소 상기한 확인작업을 할 수 있는 것입니다. 그러나 법이 당위적으로 존재해야 하는지의 **여부**, 굳이 이 (특정한) 규칙을 정해야 하는지의 **여부**에 대해서는 법학은 대답하지 않습니다. 법학은 다만 사람들이 어떤 결과를 원할 때, 이러이러한 법규가 우리의 법사고의 규범에 비추어 그 결과를 달성하기에 적합한 수단이라는 것을 진술할 수 있을 뿐입니다.

또는 역사적 문화과학들을 보십시오. 이 문화과학들은 정치, 예술, 문학 및 사회영역의 제반 문화현상들을 그 발생조건들로부터 이해하는 것을 가르칩니다. 그러나 이 과학들은 그 문화현상들이 존재할 **가치**가 있었는지 또 있는지에 대해서 스스로는 답을 주지 못하며, 또한 그 문화현상들을 알기 위해 노력할 가치가 있는지에 대해서도 답을 주지 못합니다.

역사적 문화과학들은 가령 상기한 발생론적 이해라는 방법을 통해서 우리가 〈문화인들〉의 공동체의 일원이 되는 것이 중요하다는 것을 전제하고 있습니다. 그러나 문화과학들은 이것이 실지로 중요하다는 것 그 자체는 어느 누구에게도 〈과학적으로〉 증명할 수 없습니다. 그리고 이

과학들이 상기한 참여가 중요하다고 전제하고 있다는 사실이, 이러한 참여가 당연함을 증명하는 것은 결코 아닙니다. 정말로 이것은 결코 그렇게 당연한 것이 아닙니다.

03
사실판단과 가치판단

강단과 정치

일단 나에게 가장 가까운 분야들, 즉 사회학, 역사학, 경제학, 국가론 및 이 개별학문들 자체를 해석대상으로 삼고 있는 그런 유형의 문화철학을 살펴봅시다.

정치는 강의실에서는 배제되어야 한다고 사람들은 말하는데, 나도 이에 동의합니다. 학생들도 강의실에서 정치는 배제해야 합니다. 예를 들면 베를린에 있는 나의 예전 동료 디트리히 셰퍼 교수23) 의 강의실에서 평화주의적

---

23) Dietrich Schäfer 교수는 그 당시 평화주의를 강력히 비판하였다.

학생들이 교단을 에워싸고 소동을 일으켰다는데, 나는 이런 행동을 반(反)평화주의 학생들이 푀르스트 교수[24]에 대해 일으켰다고 전해지는 소동과 똑같이 한탄합니다. 비록 나는 푀르스트 교수와는 전적으로 다른 견해를 가지고 있기는 하지만 말입니다.

그러나 물론 교수들도 정치를 강의실에서 배제해야 합니다. 그가 정치를 학문적으로 다룰 때에는 더구나 그러하며, 아니 이 때야말로 정치는 그 어느 때보다도 철저히 강의실에서 배제되어야 합니다. 왜냐하면 실천적-정치적 입장을 취하는 것과 정치구조 및 정당구도를 학문적으로 분석하는 것은 두 가지 서로 다른 사안들이기 때문입니다. 만약 내가 대중 집회에서 민주주의에 대해 강연한다면, 나는 나의 개인적 입장을 숨기지 않을 것입니다. 이런 대중 집회에서는 분명하게 알아볼 수 있도록 편을 드는 것이 연사의 마땅한 의무이며 책임입니다. 그러한 경우에 사람들이 사용하는 말들은 학문적 분석의 수단이 아니라, 정치적으로 다른 사람들의 지지를 얻기 위한 수단입니다. 이 말들은 관조적 사색의 토지를 일궈주기 위한 쟁기의 날

---

24) Foerst 교수는 독일 내 평화주의 운동의 중요한 지도자였다.

이 아니라, 적에 대항하기 위한 칼, 즉 투쟁수단입니다.

이에 반해서 강의에서나 강의실에서 말을 그런 식으로 사용한다면, 그것은 방종한 짓일 것입니다. 강의실에서 가령 〈민주주의〉에 대해 논한다면 우리는 먼저 민주주의의 여러 가지 형태들을 제시한 다음, 그것들이 기능하는 방식을 분석하고, 또 각각의 민주주의 형태가 우리의 생활조건에 어떤 결과를 가져다줄지를 확인할 것입니다. 그 다음 이 민주주의 형태들을 비민주적 정치체제들과 비교하면서, **청중이 자신의** 궁극적 이상을 기준으로 민주주의에 대해 입장을 취할 수 있다는 생각이 들 수 있을 정도까지 분석을 시도해야 합니다. 그러나 진정한 교수라면 교단으로부터 청중에게 어떤 특정한 입장을 노골적으로든 아니면 암시적으로든 강요하는 것은 삼갈 것입니다. 특히 〈사실로 하여금 말하게 하는〉 척하면서 자신의 입장을 암시한다면 그것은 가장 악의에 찬 방법일 것입니다.

그러면 우리는 도대체 왜 그렇게 해서는 안 된다는 것입니까? 미리 말해두지만, 매우 존경할 만한 나의 많은 동료 교수들은 이러한 자제(自制)를 실천하는 것은 전혀 불가능하며, 또 설사 가능하다 하더라도 자신의 입장을 암시하는 것을 피하는 것은 **괴벽이라는** 견해를 갖고 있습니다.

그런데 우리는 대학교수의 의무가 무엇인지를 어느 누구에게도 과학적으로 실증할 수는 없습니다. 우리는 그에게 단지 다음과 같은 것을 통찰할 수 있는 지적 성실성을 요구할 수 있을 뿐입니다. 즉, ① 사실확인, 수학적 및 논리적 사실들의 확인 또는 문화적 재화들의 내적 구조의 확인과 ② 문화의 가치 및 그 개별적 내용의 가치에 대한 물음과 문화공동체 및 정치적 조직 안에서는 어떻게 **행동해야 하는가** 라는 물음에 대해 대답하는 것, 이 양자(즉, ①과 ②)가 전혀 **이질적인** 문제라는 사실을 통찰하는 지적 성실성을 요구할 수 있을 뿐입니다.

그가 왜 강의실에서는 이 두 가지, ① 사실확인과 ② 가치문제 및 행동지침의 문제를 함께 다루어서는 안 되는가 라고 묻는다면, 예언자와 선동가는 교실 강단에서는 배제되어야 하기 때문이라고 대답할 수 있습니다. 그리고 예언자와 선동가에게는 〈길거리로 나가서 공개적으로 말하라〉고 충고하는 것이 옳겠지요. 이것은 비판이 가능한 곳에서 말하라는 뜻입니다.

그에 반해 수강자들을 마주 대하고 있는 강의실에서는 수강자들은 침묵해야 하고 교수가 말하도록 되어 있습니다. 그런데 학생들이 앞으로의 진로를 위해서 교수의 강의에 참석하지 않으면 안 된다는 것과 강의실에는 교수에게 비판적으로 맞설 사람이 아무도 없다는 것, 바로 이러한 사정을 이용해서 교수가 자신의 지식과 학문적 경험으로 청중들에게 도움을 주지는 않고 — 이것이 그의 의무입니다만 — 그들에게 자신의 개인적인 정치적 견해를 전수하려고 한다면, 이는 무책임한 짓이라고 생각합니다.

개인에 따라서는 자신의 주관적인 정치적 선호를 충분히 배제하지 못하는 경우가 있을 수 있다는 것은 분명합니다. 그럴 경우 그는 그 자신의 양심의 재판소로부터 가장 날카로운 비판을 받을 것입니다. 그리고 이렇게 주관적인 정치적 선호의 배제에 성공하지 못하는 선생들이 있다는 사실이 이 배제의 의무에 대한 반대증거로 간주될 수는 없습니다. 왜냐하면 가령 우리는 순수한 사실의 영역에서도 오류를 범할 수 있는데 그렇다고 해서 이것이 진실을 추구해야 할 우리의 의무에 대한 반대증거로 간주될 수는 없는 것이기 때문입니다.

나는 학문적 발전 그 자체를 위해서도, 아니 특히 학문적 발전을 위해서야말로 강의실에서 가치판단과 사실판단이 혼합되는 것을 거부합니다. 나는 우리 역사학자들이 쓴 저작의 분석을 통해, 학자가 자신의 가치판단을 개입

시킬 때마다 〈사실〉에 대한 완전한 이해가 중단된다는 것을 입증할 용의가 있습니다. 그렇지만 그것은 오늘 강연의 주제를 벗어나며 또 긴 논쟁을 필요로 할 것입니다.

다만 여기서 내가 묻고자 하는 것은, 독실한 가톨릭 신자와 프리메이슨 비밀결사단원[25] 이 함께 교회형태 및 국가형태 또는 종교사에 대한 강의를 들을 경우, 도대체 어떻게 그들이 이 주제들에 대해서 똑같은 **가치평가**를 내리도록 설득될 수 있겠습니까? 그것은 전적으로 불가능합니다. 그럼에도 불구하고 대학교수는 자신의 지식과 방법이 그 둘 모두에게 유익하기를 바라며, 또 그렇게 되도록 스스로 노력해야 합니다. 그렇지만 독실한 가톨릭교도는 기독교의 교리적 전제들에 얽매이지 않은 교수가 기독교 발생과정 관련 사실들에 대해서 제시하는 견해는 결코 수용하지 않을 것이라고 여러분은 당연히 말할 것입니다. 물론 그렇습니다. 그러나 차이는 다음과 같은 것에 놓여 있습니다. 종교에 속박되는 것을 거부한다는 의미에서 〈전

---

25) 프리메이슨(Freemason)은 18세기 초 영국에서 결성된 국제적 우애비밀결사단체이다. 프리메이슨의 구호는 자유 - 평등 - 박애였고, 프랑스혁명에서 이 구호가 혁명이념으로 이용되었다.

제 없는〉 학문은 사실 〈기적〉과 〈계시〉를 모릅니다. 기적과 계시를 가지고 작업한다면, 학문은 그 자신의 〈전제〉를 어기는 것이 될 것입니다.

그에 반해 신자는 기적과 계시 모두를 알고 있습니다. 그러므로 상기한 〈전제 없는〉 학문은 이 신도에게서 적어도 아래와 같은 점은 인정할 것을 — 그러나 그 **이상은 아닙니다** — 요구합니다. 즉, **만약** 우리가 기독교의 발생과정을 설명할 때, 경험적 설명에서는 인과적 요인으로는 배제되는 그러한 〔'계시'와 '기적' 등과 같은〕 초자연적 힘의 개입을 제쳐놓고 **설명해야 한다면**, 기독교의 발생과정은 상기한 전제 없는 학문이 보여주는 바대로 설명될 수밖에 없다는 것을 인정하는 것, 그리고 신자는 자신의 신앙을 배반하지 않고서도 이것은 인정할 수 있습니다.

그렇다면 학문의 성과는 아래와 같은 사람, 즉 실증적 사실 그 자체는 아무래도 상관없고 실천적 입장만이 중요한 사람에게는 결코 아무런 의미가 없는 것일까요? 아마 그렇지는 않을 것입니다. 우선 한 가지를 지적할 수 있습니다. 만약 누군가가 유능한 교수라면, 그의 첫 번째 임무는 학생들에게 그들 자신의 가치입장의 정당화에는 **불리한** 사실들 — 즉, 학생의 당파적 견해에 비추어볼 때 학

생 자신에게 불리한 그런 사실들 ─ 을 인정하는 법을 가
르치는 일입니다. 모든 당파적 견해에는 ─ 예를 들면 나
의 견해도 포함해서 ─ 이 견해에 극도로 불리한 사실들이
있습니다. 만약 대학교수가 그의 수강자들을 그것에 익숙
해지도록 유도한다면, 그는 단순한 지적 업적 그 이상을
행하는 것이라고 나는 생각합니다. 너무나 소박하고 당연
한 일에 대한 표현치고는 어쩌면 너무 장중하게 들릴지 모
르지만, 나는 감히 그것을 〈도덕적 업적〉이라고까지 부
르고 싶습니다.

'가치 다신교'

지금까지 나는 교수가 강의실에서 자기 개인의 가치관적
입장의 강요를 피해야 할 **실제적** 이유에 대해서만 말했습
니다. 그러나 그것으로 문제가 끝난 것은 아닙니다. 확고
하게 **주어진 것으로** 전제된 목적에 대한 수단을 논의하는
경우를 제외하고는 실천적 입장을 〈학문적으로〉 옹호한
다는 것이 불가능하다는 사실은 훨씬 더 깊은 이유를 가지
고 있습니다. 그 이유란 세계의 다양한 가치질서들이 서

로 해소될 수 없는 투쟁 속에 있기 때문에 실천적 입장의 학문적 옹호는 원칙적으로 무의미하다는 사실이 바로 그 더 깊은 이유입니다.

제임스 밀26)이 언젠가, "만일 우리가 순수한 경험에서 출발한다면, 우리는 다신교에 도달할 것이다"라고 말하였는데, 나는 그의 철학을 다른 점에서는 높이 평가하고 있지 않습니다만 이 점에서는 그가 옳다고 생각합니다. 그의 이 명제는 피상적으로 표현되어 있고 역설적으로 들리겠지만, 그 속에는 진리가 담겨 있습니다.

오늘날 우리가 다시 얻게 된 통찰이 있다면 그것은 바로 다음과 같은 것입니다. 즉, 어떤 것은 그것이 아름답지 않음에도 불구하고 신성할 수 있을 뿐 아니라, 또 그것이 아름답지 않기 때문에, 그리고 그것이 아름답지 않은 한에서, 신성할 수 있다는 것입니다.27) 여러분은 이에 대한

---

26) James Mill(1773~1836). 영국의 경제학자, 철학자, 역사학자, 대표적 공리주의자. J. S. Mill의 아버지.

27) 즉, 근대에 들어서면서 '아름다움'에 대한 가치기준과 '신성함'에 대한 가치기준은 서로 전혀 이질적인 것이 되며, 따라서 이 기준들은 서로 "해소될 수 없는 투쟁" 관계를 형성하게 된다는 것이다. 이 명제는 본문에서 연이어 '객관적 사실의 세계'(眞), '도덕적 선함의 세계'(善), '아름다움의 세계'

증거를 이사야서 제53장과 시편 제22편에서 찾을 수 있습니다. 그리고 어떤 것은 그것이 선한 것이 아님에도 불구하고 또 그것이 선한 것이 아닌 바로 그 부분에서 아름다울 수 있다는 것을 우리는 니체 이래로 다시 알게 되었습니다. 그리고 니체 이전에는 보들레르가 《악의 꽃》이라고 이름 붙인 그의 시집 속에 그러한 생각을 형상화하고 있음을 여러분은 확인할 수 있을 것입니다. 또한 어떤 것은 아름답지도 않고 신성하지도 않으며 선하지도 않음에도, 또 그렇기 때문에 객관적 사실이라는 의미에서 참된 것일 수 있다는 것은 누구나 다 아는 일입니다. 그러나 이것들은 개별적 질서 및 가치의 신들 간에 벌어지는 투쟁의 가장 근본적 차원일 뿐입니다.

이보다는 더 구체적 차원의 예를 하나 들자면, 가령 어떻게 프랑스문화의 가치를 독일문화의 가치와 비교해서 〈학문적으로〉 그 우열을 결정할 수 있을지 나는 모릅니다. 여기에서도 역시 서로 다른 신들이 싸우고 있으며, 그리고 이 싸움은 영원히 계속될 것입니다. 이 상황은, 신들과 데몬[28]의 주술로부터 깨어나지 못했던 옛 세계의

─────────

　(美) 간의 상호관계에 대해서도 적용되고 있다.

28) 베버는 아마도 플라톤적 의미에서의 데몬을 의미하고 있는

상황과 같습니다. 다만 이제 그 의미가 달라졌습니다. 물론, 고대 그리스 사람들이 처음에는 아프로디테에게, 다음에는 아폴로에게 그리고 각자는 무엇보다도 자신의 도시 신에게 제물을 바친 것처럼 오늘날에도 외적 사정은 같습니다. 다만, 오늘날은 이 신들이 탈주술화되었고 또 여러 신을 섬기는 상기한 고대인들의 태도의 신비적인, 그러나 내적으로 진실된 생생함도 더 이상 존재하지 않습니다.

그런데 이 신들과 이들의 투쟁을 지배하는 것은 운명이지 결코 그 어떤 〈학문〉도 아닙니다. 우리가 할 수 있는 것이라고는 단지, 개개 학문은 각각 **무엇**을 신적인 것으로 간주하고 있는지, 그리고 개개 질서에서는 각각 **무엇**이 신적인 것으로 간주되고 있는지를 이해하는 것뿐입니다. 그러나 이것을 이해시키는 것으로 이 문제에 대해 교수가 강

것으로 보인다. 플라톤은 데몬(*Dämon*)을 인간과 신 사이의 중간적 위치를 차지하는 영적 힘들로 규정하고 있다. 이것은 따라서 데몬의 통상적 의미인 악령, 악마, 귀신 등과는 구분되는 의미이다. 베버는 이 용어를 주로 플라톤적 의미에서 쓰고 있지만, 이 문맥에서는 통상적 의미도 함께 내포되어 있다고 볼 수 있다.

단에서 할 수 있는 일은 완전히 끝이 납니다. 물론 그것으로 이 문제에 담겨 있는 중대한 삶의 문제 그 자체가 끝나는 것은 아니지만 말입니다. 그러나 삶의 문제에 관해서는 이제 대학의 강단 이외의 힘들이 발언권을 가지게 되는 것입니다. 누가 감히 주제넘게 산상수훈의 윤리를, 가령 〈악에 저항하지 말라〉는 계명이나 한 쪽 뺨을 맞으면 다른 쪽 뺨을 돌려 대라는 비유를 〈학문적으로 반증〉하려고 하겠습니까?

그렇지만 세속적 관점에서 보면, 여기서 설교되고 있는 것이 자긍심 포기의 윤리라는 것은 분명합니다. 따라서 우리는 이 윤리가 제공하는 종교적 존엄성과, 이와는 전혀 다른 태도, 즉 〈악에 저항하라 — 그렇지 않으면 너도 그 악의 폭정에 함께 책임이 있다〉는 태도를 요구하는 당당한 자긍심 가운데 어느 하나를 선택하지 않으면 안 됩니다. 각자에게는 그가 가진 궁극적 입장에 따라서 위의 두 가지 대안 중에 하나는 악마가 되고 다른 하나는 신이 됩니다. 또 각자는 **자기에게 있어서는** 무엇이 신이고 무엇이 악마인지를 결정하지 않으면 안 됩니다. 그리고 이것은 삶의 모든 질서들에 걸쳐서 그렇습니다. 그런데 〔이러한 다신교적 상황은 고대에 이미 존재했습니다만〕 예언종교에서 발전해 나온 윤리적-체계적 생활 영위가 가진 그 위대한 합리주의가 이 다신교를 〈필요한 단 하나의 것〉〔즉, 유일신〕을 위해서 퇴위시켜 버렸습니다. 그러나 그 후 그 합리주의는 외적이고 내적 삶의 현실에 직면하면서 우리 모두가 기독교의 역사에서 알고 있는 저 타협과 상대화의 길을 걷지 않을 수 없었습니다. 그리고 이러한 타협과 상대화는 오늘날에는 종교적 〈일상〉입니다. 많은 옛 신들은, 이제 그 주술적 힘은 잃어버리고 그래서 비인격적 힘의 모습으로, 그들의 무덤에서 기어 나와 우리 삶을 지배하고자 하며 또다시 서로간의 영원한 투쟁을 시작하고 있습니다. 그러나 바로 현대인에게 매우 힘든 것은, 특히 젊은 세대에게 가장 힘든 것은 그러한 일상을 견뎌 내는 것입니다. 〈체험〉에 대한 모든 추구는 이러한 나약함에서 나오는 것입니다. 왜냐하면 시대의 운명을 진지하게 정면으로 바라볼 수 없다면 그것은 나약함의 징표이기 때문입니다.

지난 천 년 동안 우리는 기독교 윤리의 숭고한 열정에 배타적으로 — 아무튼 배타적이었다고 주장되거나 상정됩니다만 — 지향함으로써 가치갈등 또는 신들의 전쟁과 같은 상황을 볼 수 있는 눈이 멀어 버렸지만, 이제 다시 이러한 가치갈등이라는 상황을 더욱더 명료히 의식하지 않을 수 없게 되었으며, 이것은 우리 서구 근대 문명의 피치 못할 운명입니다.

교수와 지도자

그렇지만 매우 포괄적인 이런 문제들에 관한 논의는 이 정도로 해둡시다. 그런데 우리 젊은이들 중의 일부가 지금까지 말한 모든 것에 대해서 〈예, 좋습니다. 그러나 우리는 어쨌든 단지 분석과 사실확인만이 아닌 다른 어떤 것을 체험하기 위해서 강의실에 들어가는 것입니다〉라고 대응한다면, 이들은 교수에게서 교수로서의 자질과는 다른 어떤 것을 찾는 오류를 범하고 있는 것입니다. 즉, 이들은 **교수**가 아니라 **지도자**를 찾고 있는 것입니다. 그러나 우리는 **단지** 교수로서만 강단에 섭니다. 이 두 가지는 서로 별개의 것입니다. 그리고 교수와 지도자가 별개라는 것은 쉽게 여러분 스스로 확인할 수 있습니다.

내가 여러분들을 다시 한번 미국으로 인도하는 것을 양해해 주시기 바랍니다. 왜냐하면 우리는 미국에서 그러한 일을 종종 가장 순수한 원초적 형태로 볼 수 있기 때문입니다. 미국의 젊은이는 독일의 젊은이와는 비교할 수 없을 정도로 훨씬 더 적게 배웁니다. 그러나 미국의 젊은이는 엄청나게 많은 시험을 치르는데도 그의 학창생활의 **의미**를 기준으로 볼 때 아직은 독일의 젊은이처럼 저 절대적 시험인간은 되지 않았습니다. 왜냐하면 그곳에서는 시험의 합격증서를 관직봉록(官職俸祿) 제국으로의 입장권으로 간주하는 관료제가 아직 초보적 단계에 있기 때문입니다.

젊은 미국인은 그 어떤 것에 대해서도, 그 누구에 대해서도, 그 어떤 전통에 대해서도 또 그 어떤 직책에 대해서도 존경심을 가지고 있지 않습니다. 그가 존경심을 가지고 있다면 그것은 단지 상대방의 개인적 업적에 대해서뿐입니다. 미국인은 **이것을** 〈민주주의〉라고 부르고 있습니다. 이 개념의 의미에 비해서 미국의 현실이 아무리 왜곡된 상태에 있다 하더라도 민주주의라는 말의 의미는 이것이며, 그리고 여기서 중요한 것은 이것입니다.

미국인은 자기 앞에 서 있는 교수에 대해서 다음과 같이 생각하고 있습니다. 그는 그의 지식과 방법을 우리 아버지의 돈을 받고 나에게 파는데, 이것은 채소장수 아주머니가 우리 어머니에게 양배추를 파는 것과 조금도 다를 것이 없다. 그것으로 끝입니다. 물론 교수가 가령 축구의 명장일 경우에, 이 교수는 이 방면에서는 그의 지도자입니다. 그러나 그가 축구의 명장(또는 다른 스포츠분야에서 그와 비슷한 위상)이 아니라면, 그는 단지 교수에 불과하며 그 이상 아무것도 아닙니다. 그러므로 그 어떤 미국 젊은이도 이 교수로 하여금 자신에게 〈세계관〉이나 또는 자신의 삶의 영위에 기준이 될 규칙들을 팔도록 할 생각은 하지 않을 것입니다.

물론, 미국 젊은이들의 태도를 나같이 이런 식으로 묘사한다면, 여러분들은 아마도 그들의 그런 태도에 거부감을 느낄 것입니다. 그러나 내가 의도적으로 약간 극단적 방식으로 표현한 이러한 정서에 일말의 진리가 들어 있지는 않을까 라고 여러분은 자문해 보시기 바랍니다.

여러분! 여러분은 이와 같이 우리들에게 지도자 자질을 요구하면서 우리의 강의에 들어오고 있습니다. 그러나 100명의 교수 중 99명은 결코 스스로를 인생의 축구명장, 또는 삶의 영위 문제에 대한 〈지도자〉라고 여기고 있지 않으며, 또 그래서도 안 된다는 점을 여러분은 잊어버리고 있는 것입니다.

한번 숙고해 보십시오. 인간의 가치는 그가 지도자 자

질을 갖고 있느냐에 따라 결정되는 것은 아닙니다. 그리고 어쨌든 어떤 사람을 뛰어난 학자와 대학교수로 만들어 주는 자질은 실천적 삶의 지향목표 설정 문제 또는 특히 정치의 영역에서 그를 지도자로 만들어주는 그런 자질이 아닙니다. 교수 중 누군가가 지도자 자질도 가지고 있다면, 그것은 순전히 우연입니다. 강단에 서게 되는 사람마다 자신이 지도자 자질을 발휘하도록 요구받고 있다고 느낀다면 그것은 매우 우려되는 일입니다.

더 우려할 만한 것은 강의실에서 자칭 지도자 행세를 하는 것이 모든 교수에게 방임되어 있는 경우입니다. 왜냐하면 자신을 지도자로 가장 적격이라고 생각하는 사람이야말로 흔히 지도자 자격을 가장 적게 소유한 사람이기 때문입니다. 그리고 무엇보다도 강단에서의 상황은 그들이 지도자인지 아닌지를 **검증**할 수 있는 가능성을 전혀 제공해 주지 않는 그런 상황입니다.

자신이 젊은이의 조언자로 소명을 받았다고 느끼며 또 그들의 신뢰를 받는 교수는 그들과 인간 대 인간으로서의 개인적 교제에서 이 소명에 헌신해도 좋습니다. 그리고 그가 세계관 및 당파적 견해들의 투쟁에 개입해야 한다는 소명감을 느낀다면 그는 바깥 인생의 시장에서는 그렇게 해도 좋습니다. 신문지상이나 집회에서, 협회들에서 또는 그가 원하는 곳이면 어디에서나 말입니다. 그러나 참석자들, 그것도 어쩌면 자신과는 달리 생각할 수도 있는 참석자들이 침묵하고 있을 수밖에 없는 곳에서, 즉 강의실에서 교수가 신념 고백자로서 용기를 보여주는 것은 아무래도 너무 안일한 태도입니다.

학문의 가능성과 한계

여러분은 결국 다음과 같은 질문을 제기할 것입니다. 사정이 그러하다면 도대체 학문은 실천적-개인적 〈삶〉에 어떤 긍정적 기여를 하는가? 이러한 질문으로 우리는 다시 학문의 〈소명〉이라는 문제로 되돌아갑니다.

우선 지적되어야 할 것은, 학문은 우리가 어떻게 생활을 잘 꾸려 나갈 수 있는가, 다시 말해 어떻게 외적 사물과 인간행동을 계산을 통해 잘 다룰 수 있는가에 대해 기술적 지식을 제공합니다. 그렇지만 그것은 위의 미국 젊은이의 예에서 본 채소장수 아주머니의 역할에 불과한 것이 아닌가 라고 여러분들은 말할 것입니다. 나도 전적으로 동의합니다. 그러나 그 채소장수 아주머니는 제공해 줄 수 없는 반면, 학문은 제공해 줄 수 있는 것이 있는데, 그것은 사고의 방법, 사고의 도구 및 사고를 위한 훈련입니다.

이에 대해 여러분은 아마도 다음과 같이 말할 것입니다. 물론 그것은 채소는 아니지만, 그것도 역시 채소를 얻기 위한 수단에 불과하다고 말입니다. 좋습니다. 오늘 이 문제는 이 정도로 접어둡시다. 그러나 다행히도 학문이 하는 일은 아직 그것으로 끝나는 것은 아닙니다.

우리 학자들은 여러분들에게 **명료성**을 얻도록 도와줄 수 있습니다. 물론 이 말은 우리 자신이 명료성을 가지고 있다는 것을 전제하고 있습니다. 그러한 경우에 한에서 우리는 여러분에게 다음과 같은 것을 명백하게 해줄 수 있습니다. 즉, 사람들은 그때그때 현안이 되어 있는 가치 문제에 대해서 — 편의상 사회현상을 예로 생각해 보십시오 — 실천적으로 이러저러한 입장을 취할 수 있다는 점, **만일** 사람들이 이런 또는 저런 입장을 취한다면, 그 입장을 실제로 실현하기 위해서는 학문의 경험에 비추어 볼 때 이러이러한 수단을 사용하지 않으면 안 된다는 점, 그렇지만 그 수단 자체가 아마도 당신이 거부해야 한다고 생각하는 그런 것일 수도 있다는 점을 명백하게 해줄 수 있습니다.

마지막으로 언급된 경우에서는 여러분은 특정한 목적과 이것의 실현에 불가피한 수단 사이에서 선택하지 않으면 안 됩니다. 이 목적이 그 수단을 정당화합니까? 아니면 하지 않습니까? 교수는 그 선택의 불가피성을 여러분에게 보여줄 수 있습니다. 그러나 그가 선동가가 되지 않고 교수로 남고자 한다면 그는 그 이상은 할 수 없습니다. 물론 그는 더 나아가서 여러분이 이러이러한 목적을 원한다면, 경험상 이 목적의 실현에 수반되어 나타나는 이러이러한 부수적 결과도 함께 감수하지 않으면 안 된다고 말할 수 있습니다.

그러면 여러분은 또다시 상기한 바와 똑같은 상황, 즉 목적과 불가피한 수단 사이에서 선택해야 하는 상황에 처하게 됩니다. 물론, 이 모든 것은 기술자들이 흔히 당면하는 문제이기도 합니다. 왜냐하면 기술자는 많은 경우보다 작은 폐해의 원칙 또는 상대적으로 가장 좋은 것이라는 원칙에 따라서 결정하지 않으면 안 되기 때문입니다. 다만 그의 경우에는 대개 한 가지 가장 중요한 것이 주어져 있습니다. 바로 목적이 주어져 있는 것입니다. 그러나 참으로 〈궁극적〉 문제들이 현안이 되어 있을 경우, 우리에게 목적이 기술자의 경우에서와 같이 **그렇게 주어져 있는 경우란 없습니다.** 그리고 이로써 우리는 마침내 학문 자체가 명료성을 위해서 수행할 수 있는 마지막 역할에 도달하는 동시에 그 한계에도 도달합니다.

우리 학자들(또는 교수들)은 여러분에게 다음과 같이 말할 수 있고 또 말해 주어야 합니다. 이러이러한 실천적 입장은 그 의미상 이러이러한 궁극적인 세계관적 기본입장 — 이 기본입장은 하나일 수도 아니면 여러 개일 수도 있습니다만 — 에서 내적으로 일관되고 순수하게 도출될 수 있으며, 그 밖의 다른 이러이러한 기본입장에서는 도출될 수 없다는 것입니다. 비유적으로 말하자면, 당신이 어떤 특정한 입장을 취하기로 결단을 내린다면, 당신은 이 신만을 섬기고 **다른 신에게는 모욕을 주는 것입니다.** 왜냐하면 만약 당신이 자기 자신에게 충실하다면, 당신은 위의 특정한 입장으로부터는 궁극적으로 이러이러한 유의미한 내적 **결론들**에 반드시 도달하기 때문입니다. 적어도 원칙적으로는 그것이 가능합니다. 전문 철학분야 및 그 외의 개별 학문분야들에서 진행되는, 그 본질상 철학적인 원론적 논의들은 바로 이런 과업을 수행하고자 합니다. 만약 우리가 우리의 과제를 옳게 이해하고 있다면(여기서는 이것이 일단 전제되어야 합니다), 우리는 개개인에게 **그 자신의 행위의 궁극적 의미에 대해 설명하도록** 유도할 수 있으며 아니면 적어도 개개인이 그런 설명을 할 수 있도록 도와줄 수 있습니다.

내가 보기에 여러분의 사적인 삶과 관련해서도 이 도움은 결코 작은 것이 아니라고 생각합니다. 만일 교수가 그렇게 하는 데 성공한다면, 나는 여기에서도 다음과 같이 말하고 싶습니다. 그는 〈도덕적〉 힘에 봉사하고 있다고, 다시 말하여 명료함과 책임감을 일깨우는 의무에 봉사하고 있다고 말입니다. 그리고 교수가 스스로 수강자에게 특정 입장을 강요하거나 암시하는 행위를 양심적으로 피하면 피할수록 상기 과업을 수행할 수 있는 그의 능력은 더욱더 커질 것이라고 나는 생각합니다.

물론 내가 여기서 여러분에게 제시하는 이러한 견해는 항상 다음과 같은 하나의 기본상황에서 출발하고 있습니다. 삶이 어떤 형이상학적 또는 종교적 준거 없이 그 자체로서 존재근거를 가지고 있고 또 그 자체로서 이해되는 한, 삶은 오로지 저 신들 상호간의 영원한 투쟁이 될 수밖에 없다는 기본상황 말입니다. 이것을 산문적으로 표현하자면, 삶에 대해 우리가 취할 수 있는 **가능한** 궁극적 입장들의 상호 합치 불가능성 및 이 입장들 간의 투쟁의 중재 불가능성이라는 기본상황, 따라서 우리는 필연적으로 이 입장들 가운데 하나를 위해 **결단을 내려야만 한다**는 기본상황입니다. 이러한 사정 하에서 학문이 어떤 사람의 〈천직〉이 될 가치가 있느냐 또 학문 자체가 객관적으로 가치 있는 〈소명〉을 갖고 있느냐 하는 것은 또다시 하나의 가치판단의 문제이며, 따라서 강의실에서는 이에 대해 아무 것도 말할 수 없습니다. 그러나 대학에서 강의를 하고자 할 경우, 이 질문에 대한 긍정적 대답은 그 **전제조건**입니다. 나 개인적으로는 나 자신의 학문적 활동을 통해서 이미 그 질문에 대해서는 긍정적으로 대답한 셈입니다.

더욱이 오늘날의 젊은이들이 하는 바와 같이, 아니면 ― 대부분의 경우 ― 하고 있다고 착각하고 있는 바와 같이, 주지주의를 가장 저질의 악마로서 증오하는 입장을 취할 경우에도, 아니 바로 이런 입장의 경우에 특히 그러합니다 〔즉, 학문의 가치의 긍정이 그 전제조건입니다〕. 그 경우 젊은이들에게 다음과 같은 격언이 적용될 수 있기 때문입니다.

"악마, 그는 늙었다. 그러므로 그를 이해하려면 너도 늙어야 한다는 것을 염두에 두어라."[29]

이 말은 출생증명서라는 의미에서 '늙는다'는 것을 뜻하는 것이 아닙니다. 이 말은 악마를 지배하려고 한다면 오늘날 매우 흔히 일어나는 바와 같이 '악마', 즉 '학문'이라는 악마 앞에서 달아나서는 안 되며 오히려 그의 길을 일단 먼저 끝까지 파악해야만 비로소 그의 힘과 한계를 알게 된다는 것을 뜻합니다.

학문은 오늘날에는 〈자기성찰〉과 사실관계의 인식에 기여하기 위해 전문적으로 행해지는 〈직업〉이지, 구원재(救援財)와 계시를 희사(喜捨)하는 심령가나 예언자의 은총의 선물이 아니며 또한 세계의 의미에 대한 현인과 철학자의 사색의 일부분도 아닙니다. 물론 학문의 이러한 전문직업화는 우리의 역사적 상황의 불가피한 조건인데 우리가 자기기만에 빠지지 않는 한 우리는 이 조건으로부터 헤어날 수가 없습니다.

그런데 지금 다시 여러분 안에 있는 톨스토이가 일어서

---

29) 괴테의 《파우스트》 제 2부 제 2막. '악마' 메피스토펠레스의 대사.

서 다음과 같은 질문을 던진다고 합시다.

"우리는 실로 무엇을 해야 하는가, 또 우리는 어떻게 우리의 삶을 설계해야 하는가?"

또는 오늘 강연 여기서 사용한 언어로 표현한다면,

"'우리는 서로 싸우는 신들 중 어느 신을 섬겨야 하는가, 아니면 이들과는 전혀 다른 어떤 신을 섬겨야 하는가, 만약 그렇다면 이 다른 신은 누구인가'라는 질문에 대해서 학문이 대답하지 못하는 이상, 그럼 누가 대답하는가?"

라고 묻는다면, 이에 대해서는 예언자나 구세주가 대답할 것이라고 말할 수밖에 없습니다. 예언자가 없거나 또는 그의 예언이 더 이상 믿어지지 않는다고 해서, 수천 명의 교수들이 국록을 받거나 특권을 누리는 소예언자로서 강의실에서 예언자의 역할을 수임하려고 시도한다고 해도 결코 진정한 예언자가 지상에 다시 등장할 수 있게 되는 것은 아닙니다.

강단의 이런 소예언자들이 초래할 결과는 단 하나밖에 없습니다. 즉, 우리의 젊은 세대 중 매우 많은 사람들이

갈망하는 그런 예언자는 이제 **없다** 라는 결정적 사실이 가진 의미의 막중함을 그 젊은 사람들이 깨닫지 못하도록 한다는 결과입니다. 강단예언과 같은 그 모든 대용물들은 신으로부터 소원해진 시대, 예언자가 없는 시대에 사는 것이 우리의 운명이라는 이 근본적 사실을 종교적 감수성을 지닌 사람과 그 밖의 사람들에게 은폐합니다. 이러한 은폐는 특히 진실로 종교적으로 〈음감(音感)이 있는〉사람〔즉, 종교적 감수성을 소유한 사람〕의 내적 목표 실현에 전혀 도움이 되지 않는다고 나는 생각합니다. 그의 종교적 감관(感官)의 정직성은 이러한 은폐에 대해서 아마도 분명히 반발할 것입니다.

　그러면 〈신학〉이 존재한다는 사실과 또 신학이 〈학문〉이라고 하는 주장에 대해서는 도대체 어떤 태도를 취해야 하는가 라고 여러분은 묻고 싶을 것입니다. 이에 대한 대답을 회피하지 맙시다. 〈신학〉과 〈교리〉는 어디에나 있는 것은 아닙니다만, 그렇다고 특히 기독교에만 있는 것도 아닙니다. 신학과 교리는 (시간을 거슬러 올라가면) 이슬람교에도, 마니교[30]에도, 그노시스교[31]에도, 오르페

---

30) 3세기 경 고대 페르시아의 조로아스터교를 바탕으로 파생된 종교.

우스교[32]에도, 조로아스터교에도, 불교에도, 힌두교의 여러 종파에도, 도교에도, 우파니샤드에도, 유대교에도 상당히 발전된 형태로 있었습니다. 물론 이 신학들이 체계적으로 발전된 정도는 서로 매우 다릅니다.

예를 들면 유대교와 비교해서, 서양의 기독교는 신학을 더 체계적으로 확장했고 또는 확장하려고 노력했으며, 또한 기독교에서 신학의 발전이 단연 가장 큰 역사적 의의를 지녀왔다는 것은 결코 우연이 아닙니다.

헬레니즘 정신이 그것을 창출했는데, (분명히) 동양의 모든 신학이 인도의 사상으로 소급되는 바와 같이, 서양의 모든 신학은 헬레니즘 정신으로 소급됩니다. 모든 신학은 종교적 구원 획득의 주지주의적 **합리화**입니다. 물론 어떤 학문도 절대적으로 무전제적(無前提的)일 수는 없습니다. 그리고 그 어떤 학문도 그 전제를 거부하는 사람에게는 자신의 가치를 입증할 수 없습니다. 그러나 모든 신학은 자신의 학문적 작업과 존재의 정당화를 위해서 몇

---

31) 1~4세기에 널리 퍼진 영지(靈智)를 숭상하던 이단적 그리스도교파.

32) 고대 그리스 종교. 기원전 7~5세기 무렵에 번성하였으며, 참가자를 한정하여 비밀의식을 가지는 종교이다.

가지 특수한 전제를 더 추가하고 있습니다. 물론 이 전제들의 의미와 범위는 신학에 따라 서로 다릅니다. 힌두교의 신학을 비롯하여 모든 신학은, 예컨대 세계는 필연적으로 의미를 가지고 있다는 전제를 받아들이고 있습니다. 그리고 신학의 문제는, 세계가 유의미하다는 사실이 사유의 대상이 될 수 있도록 하기 위해서는 어떻게 이 의미를 해석해야 하는가 라는 것입니다.

이것은 칸트의 인식론이 "학문적 진리는 존재하며, 그것은 **타당하다**"라는 전제에서 출발한 다음, 어떤 사고 전제조건들 하에서 (유의미하게) 이것이 가능한가 라고 물었던 것과 같습니다. 또는 현대의 미학자들이 — 예를 들면 루카치처럼 명백하게든 혹은 실제적으로든 — "예술품은 **존재한다**"라는 전제에서 출발한 다음, 이것은 어떻게 해서 (유의미하게) 가능한가 라고 묻는 것과 같습니다.

그러나 신학은 일반적으로 그러한 (본질적으로 종교철학적인) 전제로는 만족하지 않습니다. 오히려 신학은 보통 그 이상의 전제로부터 출발하고 있습니다. 즉, 일정한 〈계시들〉을 구원에 중요한 사실로서 — 요컨대 비로소 의미 있는 삶의 영위를 가능하게 해주는 그러한 사실로서 — 전적으로 믿어야 한다는 전제, 그리고 일정한 상태와 행위가 신성함의 성질을 갖고 있다는 전제, 다시 말해서, 이런 상태와 행위가 종교적으로 의미 있는 삶의 영위 또는 그러한 삶의 구성요소를 형성한다는 전제에서 출발합니다.

그렇다면 그들의 그 다음 질문은 또다시 아래와 같은 것이 될 것입니다. 전적으로 받아들여야 하는 이러한 전제들은 하나의 총체적 세계상 안에서 어떻게 의미 있게 해석될 수 있는가? 이 경우 그 전제들 자체가 신학에서는 〈학문〉이라는 영역 바깥에 있습니다. 그 전제들은 통상적 의미에서의 〈지식〉이 아니라 〈소유〉입니다. 그것들 ─신앙 또는 그 외의 성스러운 상태들─ 을 〈소유하지〉 않은 사람에게는 그 어떤 신학도 그것들을 대신 제공해 줄 수는 없습니다. 하물며 다른 학문이 이것을 대신 제공해 줄 수 없다는 것은 말할 필요도 없습니다. 오히려 정반대로 모든 〈계시〉 종교적 신학에서는 신자는 언젠가는 "불합리하지만 믿는 것이 아니라 바로 불합리하기 **때문에** 나는 믿는다"라는 아우구스티누스[33]의 명제가 적용되는 상

---

33) Aurelius Augustinus(354~430). 로마 말기 라틴교부, 신학자, 철학자, 성인. 라틴교부철학을 대변하는 인물로서, 봉건시대의 신학과 철학의 발전, 나아가 유럽 지성의 발전에

황에 도달하게 됩니다.

〈지성의 희생〉이라는 대가(大家)다운 일을 할 수 있는 능력은 계시종교 신봉자의 결정적 특징입니다. 그리고 이러한 상황에서 우리가 도출할 수 있는 인식은, 신학에도 불구하고 (아니면 오히려 바로 이 사정을 밝혀내는 신학 때문에) 〈학문〉의 가치영역과 종교적 구원의 가치영역 간의 긴장은 극복될 수 없다는 것입니다.

당연히 제자만이 예언자에게, 그리고 신도만이 교회에게 〈지성의 희생〉을 바칩니다. 그러나 새로운 예언은 다음과 같은 유의 〔지식인적 행동〕 방식을 통해서 발생한 적은 결코 없습니다. (많은 사람들에게 거부감을 주었던 다음과 같은 상황을 나는 여기서 의도적으로 되풀이해 이야기합니다) 즉, 현대의 많은 지식인들은 자신의 영혼을 이른바 진짜임이 보증된 골동품들로 장식해서 채우고 싶은 욕구를 갖고 있는데, 근자에 이들은 그러한 골동품에는 한 때 종교도 속했다는 것을 새삼 깨닫고 있는 듯합니다. 이들은 종교를 가지고 있지는 않지만, 그러나 그 대신에 이들은 세계 도처에서 가져온 성화(聖畵)들로 장난스럽게 꾸민

지속적 영향을 미쳤다.

일종의 가정예배소를 대체물로 치장하거나 아니면 갖가지 종류의 체험으로 그 대용물을 만들어 내는데, 이들은 이 체험들에 신비한 신성소유의 존엄성을 부여하고는 이 대용물을 가지고 독서시장에 팔러 다니고 있습니다. 이것은 단순히 사기이거나 아니면 자기기만입니다. 그에 반해, 최근에 조용히 늘어난 청년단체들 중 많은 단체들은 그들 자신의 인간적 공동체관계를 종교적 관계로, 우주론적인 또는 신비한 관계로 해석하고 있는데, 의미상으로 자신을 종종 잘못 이해하고 있긴 하지만 그들의 이런 해석은 결코 사기가 아니라 매우 진지하고 진실된 것입니다. 모든 진정한 형제애의 발휘에는 이 행위를 통해 초개인적 세계에 불멸의 어떤 것이 추가된다는 인식이 깔려 있을 수 있다는 것은 분명한 사실이지만, 순수하게 인간적 공동체관계의 존엄성이 그러한 종교적 해석을 통해 증대되는지는 나로서는 의심스럽습니다. 그렇지만 이것은 이미 우리의 주제가 아닙니다.

04

맺음말

합리화와 주지주의화를, 특히 세계의 탈주술화를 특징으로 하는 우리 시대에서는 바로 가장 숭고하고 궁극적인 가치들이야말로 공공의 장에서 물러나서 신비주의적 삶의 은둔의 세계로 퇴장했거나, 아니면 개인들 상호간의 직접적 형제애 관계 속으로 퇴장했습니다. 이것이 이 시대의 운명입니다. 우리 시대의 최고예술은 은밀한 예술이지 결코 웅대한 예술이 아니라는 점은 우연이 아닙니다. 또한 전에는 예언적 성령의 형태로 대규모 신도공동체들에 매우 열정적으로 전파되면서 그들을 결속시켰던 힘이 오늘날에는 아주 작은 공동체 내부에서만 인간 대 인간의 관계로 매우 약하게 고동치고 있다는 것도 우연이 아닙니다.

만일 웅대한 예술에 대한 지향을 억지로 창출하고 〈발명〉하려고 한다면, 그것은 지난 20년 동안의 많은 기념비건축 사례에서 보았던 것처럼 매우 한심한 기형들을 낳을 것입니다. 그리고 진정한 예언 없이 새로운 종교적 혁신들을 고안하려고 한다면, 내적 의미에서는 위에서 지적한 예술의 경우와 비슷한 어떤 것이 발생할 것인데, 그 꼴은 틀림없이 더 볼썽사나울 것입니다. 그리고 강단예언은 결국 광신적 종파들만을 만들어 낼 뿐 결코 진정한 공동체를 만들어내지는 못할 것입니다. 시대의 이러한 운명을 당당하게 견디어 낼 수 없는 사람에게는 다음과 같이 충고하는 것이 옳을 것입니다. 즉, 그는 흔히 그러하듯이 전향자(轉向者)임을 공공연하게 떠들지 말고, 차라리 소박하고 조용하게, 옛 교회의 넓고 자비로운 품안으로 돌아가라고 말입니다. 교회 또한 그의 이러한 전향을 위해 문을 열어놓고 있습니다. 그는 이 경우 어떻든 지성을 희생하지 않을 수 없는데, 이것은 불가피합니다. 그가 진정으로 그렇게 할 수 있다면, 우리는 그를 이 희생 때문에 나무라지는 않을 것입니다. 왜냐하면 무조건적인 종교적 헌신을 위한 그러한 지성의 희생은 소박한 지적 성실성 의무를 회피하는 것과는 도덕적으로 여하튼 다른 것이기 때문입니다.

이런 회피는 자신의 궁극적 입장에 대해 명료해질 용기를 지니지 못하고, 이 지적 성실성의 의무를 나약한 상대화를 통해 벗어버리려고 할 때 나타납니다. 그리고 나로서는 상기한 종교적 헌신이 강단예언과 비교해서도 더 가치가 있다고 생각합니다. 이 강단예언자들은 강의실 안에서는 소박한 지적 성실성 이외에는 그 어떠한 덕도 통용되지 않는다는 것을 분명하게 인식하지 못하고 있는 것입니다. 그러나 이 지적 성실성이 우리에게 요구하고 있는 것은, 오늘날 새로운 예언자와 구세주를 고대하는 수많은 사람들의 상황이 바로 이사야서에 서술된 망명시대의 저 아름다운 에돔의 〈파수꾼의 노래〉[34]가 들려주는 상황과 똑같다는 것을 인정하라는 것입니다. 〈에돔의 세일 산에서 외치는 소리가 들려온다. 파수꾼아, 밤이 아직도 얼마나 남았느냐? 파수꾼이 말하기를, 아침은 올 것이다. 그러나 지금은 아직 밤이니라. 묻고 싶거든, 다른 때 다시 오너라.〉 이 말을 들은 〔유대〕민족은 이천 년이 훨씬 넘도록 묻고 고대해왔는데, 우리는 이 민족의 충격적 운명을 알고 있습니다. 우리는 이 운명에서 교훈을 얻고자 합니다.

---

34) 《구약성서》'이사야서' 제21장 제10절~제12절에 있다.

즉, 갈망하고 고대하는 것만으로는 안 되며 그것과는 다른 길을 택해야만 한다는 교훈, 우리의 일에 착수하여 '일상의 요구'를 — 인간적으로나 직업상으로나 — 완수해야 한다는 교훈 말입니다. 그러나 각자가 **자신의** 삶을 조종하는 데몬(*Dämon*)을 찾아서 그에게 복종한다면, 일상의 요구란 소박하고 단순한 것입니다.

막스 베버 사회학 小考

들어가는 말

독일 사회사상가 막스 베버(1864~1920)는 칼 맑스 및 에밀 뒤르켐 등과 함께 현대 사회학의 창시자 중 하나로 간주된다. 그러나 베버는 비단 사회학뿐 아니라 정치학, 경제학, 역사학, 종교학, 동양학, 과학철학, 조직론 등 현대 인문사회과학 전반의 발전에 거대한 족적을 남긴 학자이다. 그래서 그는 간혹 우리 시대의 마지막 학문적 '만능천재'라고 불리기도 한다. 베버의 이렇게 다양한 연구활동 전반을 관통하는 일관된 인식목표는 자본주의적 근대사회의 역사적 기원과 그 사회학적 성격을 규명하는 것이었다. 특히 베버는 근대 자본주의가 왜 하필, 14~15세기까지만 해도(가령 중화 또는 중동문명권에 비할 때) 오히려 후진문명권에 속했던 서유럽이라는 '변방'에서 최초로 발현했는가 라는 문제에 비상한 관심을 가졌다. 베버는 그의 (상대적으로) 짧은 학문적 생애 동안 서양과 동양의 역사 전반을 섭렵하면서 자신의 이러한 문제의식을 지속적으로 확대하고 심화시켜 나갔다. 그가 섭렵한 시대와 문화권은 메소포타미아, 이집트, 고대 이스라엘, 헬레니즘, 로마제국, 중세 유럽, 그리고 중국과 인도를 포괄한다. 베버는 이러한 방대한 작업을 통해 한편으로는 왜 하필 서유럽에서 최초로 근대적 자본주의가 발현했는가 라는 문제를 설명할 수 있는 특수한 '역사적' 조건들(예컨대 신교윤리)을 밝혀내고, 다른 한편으로는 서구적 근대성 일반이 가진 보편적 '사회학적' 속성들을 규명했다. 베버가 이 과정에서 얻은 일련의 통찰들은 근대성에 관한 현대 사회과학적 담론에서 중심적 역할을 해왔다. 그 중 특히 잘 알려진 몇 가지 개념들을 짚어보자: '합리성'-이론과 '합리화 및 탈주술화과정론', '관료제', '이념형적 개념구성론', '책임윤리'와 '신념윤리', 그리고 아마도 베버의 가장 유명한 화두일 '신교윤리와 자본주의정신'.

서구적 근대성에 대한 베버의 이 화두들은 던져진 지
근 한 세기가 지난 오늘날까지도 우리의 사회과학적 상상
력을 자극하고 있다. 또한 가령 그의 유교론, 도교론, 불
교론, 힌두교론 등이 보여주듯이, 베버는 서구 현대사상
가 대열에서는 그 유례를 찾기 힘들 만큼 열정적이고 체계
적으로 비서구 문명권, 특히 동아시아 문명권을 탐구한
사람이다. 물론 그는 철저히 서구적 경험과 시각에서 이
러한 비서구 문명권들을 해부했으며, 또한 자신의 이러한
서구 중심적 시각을 명시적으로 인정했다. 그럼에도 불구
하고 또는 바로 그렇기 때문에 베버 사회학은 동아시아 사
회과학도들에게 각별히 흥미로운 지적 도전장을 제시하
고 있다.

　　베버는 서구 근대의 이중적-역설적 성격, 즉 '해방'과
'새로운 예속'의 복합적 상호작용과정을 예리하게 분석하
였으며, 그래서 그의 사상에는 한편으로 근대에 대한 적
극적 긍정과, 다른 한편으로는 근대의 파국적 발전가능성
에 대한 비관과 체념이 혼재해 있다. 그는 보기 드문 지적
정직성을 가지고 근대의 이 양면성을 의연히 직시하면서,
이 양면의 섣부른 타협보다는 학문적 개인적 정면대결을

선택했으며, 이 자세를 평생 유지했다. 베버는 '근대'란 인류가 도달한 필연적-보편적 역사발전단계라는 생각을 철저히 거부한 사람이지만, 그러나 그렇다고 근대란 우리가 우리 마음에 들지 않는다고 다음 모퉁이에서 내려버릴 수 있는 '이두마차'[35] 라고 보지도 않았다. 그리고 그의 주된 관심사 중 하나는, 이 마차의 고삐를 잡은 '근대인간'은 어떤 유형의 인간이며, 이 유형의 역사적 기원과 그 문화사적 함의는 무엇인가 라는 문제였다.

물론, 베버 사상에는 그 시대적 구속성과 방금 언급한 문화적 편향 등으로 인해 우리의 지적 지평 내에 수용되기 어려운 부분도 적지 않으며, 이에 대해서 우리는 냉철한 비판적 시각을 가져야 할 것이다. 그리고 베버 스스로 우리에게 이것을 요구하고 있는바, 왜냐하면 베버는 자신의

---

35) 물론 대다수 비서구 사회는 근대라는 이두마차에 '강제승차' 당했다. 그러나 반드시 강제만이었을까? 마차 비유를 좀더 확대하자면: 이 마차의 창가에는 '해방'이라는 화려한 옷을 걸치고, '합리성'이라는 월계관을 쓰고, '보편'이라는 부채를 든 매혹적 여성이 홀리는 미소를 지으며 앉아 있는 것이다. 따라서 승차유혹을 떨쳐 버리기란 결코 쉽지 않다. 물론, 막상 이 마차에 타고 보면 무지막지한 남자들이 득실거리며, 이들은 우리의 자의적 하차를 저지한다.

한계, 더 나아가 학문적 연구 일반의 한계를 어느 누구보다도 명료히 의식하고 또 인정한 학자이기 때문이다.[36] 그러나 그가 던진 문제들이 아직도 근대성에 대한 우리의 이른바 '담론언어'의 중심축을 형성하고 있음은 부인할 수 없는 사실이다.

막스 베버의 근대 진단

막스 베버가 지적 활동을 시작할 당시 그는 근대사회의 성격에 대해서 대개 다음과 같은 세 가지 이론적 패러다임과 대면하고 있었다: 자유주의적, 맑스적 그리고 니체적 패러다임. 이 패러다임들은 모두 계몽주의적 '해방'이념에 그 사상적 뿌리를 두고 있다. 동시에 이들은 서구문화가 계몽주의를 통해 상실하게 된 종교적 절대-유일신을 특정한 세속적 절대이념(자유주의는 '개인의 자유', 맑스는 '사회

---

36) "학문에서는 자기가 연구한 것이 10년, 20년, 50년이 지나면 낡은 것이 돼 버린다는 사실을 우리 모두는 알고 있습니다. 이것이 학문연구의 운명이며 더 나아가 학문연구의 목표입니다. … "(본문 48쪽).

적 평등', 니체는 '생의 의지')의 형태로 복원하려는 (아마도) 가장 성공적인 시도들이다. 주로 이 세 패러다임과의 치열한 논쟁이 베버의 지적 성숙을 인도하였으며, 베버는 이들을 비판적으로 수용하고 종국에는 극복하면서 자신의 독창적인 근대성이론을 구축해 나갔다. 이런 의미에서 옮긴이는 베버의 근대성 이론을 포스트-자유주의. 포스트-맑스, 포스트-니체적 이론이라고 규정한 바 있다. 이 근대성이론의 중심축은 합리성이론 내지 합리화과정론이다. 베버의 합리화론은 크게 두 가지 차원을 가지고 있다: 그 하나는 '문화적' 합리화론으로서, 여기서는 주로 니체 사상과의 논쟁에서 형성된 세계상의 '탈주술화' 및 '가치의 다신교' 명제가 다루어지고 있다. 다른 하나는 '사회적' 합리화론으로서, 이 이론의 두 축은 (맑스의 영향을 입은) 자본주의론과 관료제론이다. 물론, 합리화론의 위 두 가지 차원에는 공히 '개인의 자율성'이라는 근대 특유의 가치 ― 이것은 자유주의의 유산이다 ― 에 대한 베버의 강한 이론적-실천적 집착이 깔려 있다.

그런데 베버는 이러한 이론들을, 가령 맑스의 '자본론' 또는 뒤르켐의 '사회분업론'에 비견할 만한 특정 저서에서 집중적-체계적으로 전개하고 있는 것은 아니다. 오히려 그의 이론적 성찰들은 그의 방대한 저서 곳곳에 분산되어 있으며, 대부분의 경우 구체적 역사적 맥락에 근거하고 있다. 따라서 베버 사회학의 이론적 틀을 파악하기 위해서는 매우 엄밀하고 포괄적인 재구성작업이 필요하다. 옮긴이는 기간된 졸저 및 졸문들에서 이러한 재구성 작업을 수행한 바 있으니, 혹 관심이 있는 독자들은 이들을 참조해 주기 바란다. 지극히 복합적인 베버의 근대성 이론 중 이 자리에서는 앞서 언급한 베버 합리화과정론의 '문화적' 축을 이루는 명제, 즉 세계상의 '탈주술화'와 '가치다신교' 명제를 매우 간략히 언급하는 데 그치고자 한다. 이 주제는 비단 합리화 이론적 함의뿐 아니라 근대 서구인 일반, 특히 근대 서구지성이 봉착했던 말하자면 '실존적' 상황과도 연관되어 있으며, 또한 서구 정신문화의 특수성을 잘 포착하고 있는 주제이다. 이미 지적했듯이, 베버는 이 주제를 주로 니체 사상과의 논쟁을 통해 발전시켰다.

잘 알려져 있다시피, 니체가 서구의 근대문명에 대해 내리는 진단은 '신은 죽었다'라는 선언으로 시작한다. 이것은 베버의 근대진단의 출발점이기도 하다. 천수백 년간 서구정신을 이끌어왔던, 기독교적 절대-유일신관에 바탕

한 종교적 세계상은 '신의 사망'과 함께 와해되었다는 것이 이 진단의 내용이다. 이 와해과정이 서구인들에게 가져다준 정신적 충격은 절대-유일신의 전통을 가지지 않은 우리 동양인들로서는 추체험이 힘들다. 서구정신은 천 년이 넘도록 기독교적 유일신이라는 형태로 단 하나의 절대진리, 단 하나의 절대 권위, 단 하나의 절대 의미에 의해 온전히 지배당해 왔는바, 따라서 이 절대신의 상실은 이들에게는 기실 모든 것의 상실로 닦아왔다고 볼 수 있다.[37] 따라서 신의 사망을 선포한 니체가 도달한 곳이 '허무주의'라는 것은 당연한 귀결이다. 즉, 서구의 지성에게는 신이 사라짐과 함께 삶과 우주 전체가 이제 원칙적으로 '무의미'해졌다는 인식이 불가피했던 것이다. 모든 의미와 가치의 근원으로서의 절대-유일신이라는 태양을 잃어버리고 의미의 공황상태에 빠진 서구 문화, 이 문화에 엄

---

[37] 이런 이유에서 옮긴이는, 서구의 근대사상사는 오늘날에 이르기까지 이 '잃어버린 절대성'에 대한 향수, 절대성으로의 회귀희망을 그 근간으로 하고 있으며, 또 이 절대성을 세속적 형태로 회복하려는 시도들로 점철되어 있다고 생각한다. 서구정신은 말하자면 절대성의 족쇄에서 영원히 벗어날 수 없는 '갇힌 정신' 또는 '전체주의적 정신'이라면 너무 과도한 표현일까?

습하는 추위와 혼돈의 상황을 니체는 다음과 같은 절박한
물음에 담고 있다:

우리는 어떻게 바닷물을 다 마셔 없앨 수 있었을까? 지평선
을 송두리째 지워버리도록 우리에게 지우개를 준 자는 도대
체 누구인가? 우리가 이 지구를 태양으로부터 떼어버렸을
때, 우리는 도대체 무슨 짓을 한 것인가? 이제 지구는 어디
를 향해 가고 있는가? 모든 태양으로부터 멀어져 가고 있는
것인가? 우리는 지금 계속 추락하고 있는 것 아닌가? 뒤로,
옆으로, 앞으로, 즉 모든 방향으로? 아니 도대체 아직 '위'나
'아래'가 있기나 한 것인가? 우리는 지금 무한한 무(無) 속을
방황하고 있는 것은 아닌가? 텅 빈 공간이 우리에게 입김을
불어대고 있는 것이 아닌가? 더 추워지지 않았는가? 줄곧 밤
이 오고 있지 않은가? 그리고 또 더 많은 밤이?[38]

니체의 '절규'가 암시하듯이, '의미'의 자원('바닷물')을
다 마셔버렸고, 의미의 지평선을 지워버렸고, '신'이라는
태양으로부터 스스로를 해방시킨 서구의 근대세계는 동
사(凍死)의 위험, 모든 가치기준의 와해와 모든 의미의

---

38) Friedrich Nietzsche, *Werke in drei Bänden*, hg. von Karl
    Schlechta, Zweiter Band, München 1960, 127쪽.

고갈이 만들어내는 추위에 의한 동사의 위험에 직면하게 되는 것이다.[39] 베버 자신은 이런 근대적 상황을, 모든 것이 "이제 단지 '존재'하고 '일어나기만' 할 뿐, 더 이상 무언가를 '의미하게' 되지는" 않는 세계라고 표현하고 있다. 왜냐하면 이제 인간과 세계의 존재의미를 해석하고 정당화할 수 있는 모든 초월적-절대적 기준이 사라졌기 때문이다.

그러나 이러한 절대기준의 상실, 즉 궁극적 의미와 가치의 상실은 역으로 궁극적 의미해방, 가치해방을 뜻한다. 따라서 베버가 '근대인간'의 가장 중요한 자격요건으로 지적하고 또 요구하는 것은, 첫째 이 '허무'의 밤을 직시

---

[39] 되풀이하지만, 모든 의미와 가치의 단 하나의 근원으로서의 신을 가져본 적이 없고, 따라서 상실한 적도 없는 우리 동양인으로서는 위의 니체 인용에서 암시되고 있는, 신의 사망에 대한 '환희'와 '절망'의 묘한 결합을 이해하기란 쉽지 않다, 즉 유일신이 그어 놓은 정신적 '지평선', 이 지평선을 지울 수 있는 지우개를 손에 쥔 자의 해방의 환희, 그러나 태양으로부터 떨어져 나온 후 엄습하는 추위, 무의미의 추위와 밤에 대한 두려움과 절망. 그렇게 볼 때, 애초부터 셀 수 없이 많은 조상신과 연줄신으로 이루어진 다신교의 세계에서 살아온 우리는 '행복'한 것인가? 우리의 이 신들은 '잊혀질 수'는 있지만, '사망'할 수는 없지 않은가?

하고 받아들일 수 있는 용기와, 둘째 이 밤을 밝힐 의미-
'빛'과 추위를 녹일 가치-'열'을 스스로 만들어 내겠다는 의
지이다. 즉, 근대의 시작과 함께 모두를 차별 없이 비춰주
고, 또 모두가 저항 없이 수용할 수 있는 단 하나의 태양은
이제 더 이상 없으며 또 있어서도 안 된다. 적어도 우리가
의미해방과 가치해방을 포기하려고 하지 않는 한 말이다.
그 대신 이제 우리 각자가 의미와 가치의 소(小) 태양이 되
어야 한다. 즉, 이제 가치는 주어지는 것이 아니라 우리
각자가 선택하고, 결단하고 창출해야 하는 것이다. 이와
함께 이제 또 한 번 고대와 같은 '다신교'의 시대가 도래한
것이다. 그러나 '사망한' 유일신의 자리에 들어서는 새로
운 신들은 여호와와 같은 인격신도, 고대와 같은 신화적
신도 아니라 비인격적 '가치'의 모습을 띠고 있으며, 그래
서 이 새로운 다신교는 '가치의 다신교'이다: "많은 옛 신
들은, 이제 그 주술적 힘은 잃어버리고 그래서 비인격적
힘의 모습으로, 그들의 무덤에서 기어 나와 우리 삶을 지
배하고자 하며 또다시 서로간의 영원한 투쟁을 시작하고
있다"(본문 85쪽).

　이 새로운 신들은 개개인의 사적 가치관일 수도 있고,
사회적 이념(민족주의, 자본주의, 공산주의, 자유주의 등)

일 수도 있다. 그러나 무엇보다도 이 새로운 신들의 거처
는 베버가 이른바 '가치영역'이라고 부르는 것들, 즉 인간
의 다양한 정신적-실천적 활동영역들이다. 이것들은 크
게 볼 때 '인지적-기술적'〔眞〕, '도덕적-실천적'〔善〕 그리
고 '심미적-표현적'〔美〕 가치영역으로 나누어질 수 있다.
이 영역들은 종교적-주술적 세계상 하에서는 단 하나의
절대권위와 절대논리, 즉 신성의 논리에 예속되고 함몰되
어 있었다. 그러나 세계상의 탈주술화와 함께 이 가치영
역들은 신성의 절대논리에서 해방되고 분화되어 나와 이
제 각각 자신만의 고유한 논리와 '주권'을 선포한다. 이와
함께 이 가치영역들은 다른 어느 누구도 침범할 수 없는
자신들만의 '관할 영토'를 규정하고 주권 행사에 나선다:
인지영역은 '진리'의 영토(과학), 도덕적-실천적 영역은
'정의'의 영토(법과 윤리) 그리고 심미적-표현적 영역은
'미와 취향'의 영토(예술). 근대와 함께 이 영역들은 자신
만의 합리성을 개발하고 이 합리성의 극대화에 매진하게
된다. 즉, 근대 이전까지 '신성'이라는 독재적 단일개념에
묶여 있던 인간의 잠재력은 이제 여러 개의 '합리성들'로
분해되어 가는 것이다. 이와 함께 이제 인간정신은 되돌
이킬 수 없는 '분열의 시대'로 들어선다. 이제 가능한 것은

'부분-합리성들'일 뿐, 이 부분합리성들을 아우를 수 있는 총체적 합리성이란 더 이상 상정될 수 없게 된 것이다. 판단의 상위 심급 내지 상급 재판소의 부재로 인해 이제 개별행위, 제도, 그리고 상기한 가치영역들 등 모든 것은 자신의 존재의미를 정당화할 수 있는 어떠한 외부자원도 동원할 수 없게 되고, 따라서 '자기 자신'이 이 정당성을 창출할 수 있는 유일한 근원이 되는 것이다. 물론 예컨대 상기한 '진', '선', '미'라는 가치영역들의 주권은 부분적 또는 전면적으로 강탈당할 수도 있고(가령 전체주의 국가에서 학문과 예술의 제약), 또는 개개 가치영역은 설득과 합의를 통해 스스로 주권행사를 유보할 수도 있다(가령 생명공학의 제 윤리적 문제들: 여기서는 과학의 주권이 윤리적 주권에 의해 유보된다). 그러나 이 모든 협상과 타협은, 그리고 심지어 강탈까지도, 바로 각각의 가치영역이 절대적 주권을 가지고 있다는 것을 전제로 하고 있는 것이다. 그렇지만 이러한 '현실적' 화해가능성을 떠나 원칙의 차원에서 보면 이 가치들 간에는 어떠한 타협도 불가능하며 단지 "화해될 수 없는 사활을 건 투쟁, 마치 '신'과 '악마' 간의 투쟁"(베버)만이 있을 뿐이다. 그런데 이 투쟁은 비단 각 가치영역의 '주권수호'(예컨대 과학적 연구의 자유수호)라는 소극적 차원에만 머물지 않는다. 왜냐하면 이 '소태양들'(小神들)은 곧잘 이제 자신이야말로 모든 소태양들의 상위에 있는 '대태양'(유일신)임을 주장하고 나서기 때문이다. 이것이 근대의 시작과 함께 등장한 수많은 이른바 '지상주의'들의 정체이다: 과학지상주의, 도덕지상주의, 예술지상주의, 또는 민족지상주의, 자유지상주의, 평등지상주의, 개인지상주의, 공동체지상주의, 합리성지상주의 등. 지상주의자들은 모두 다시 '유일신교'로 돌아가기를 희구하는 자들이며, 이들은 자신들의 '신성'(神性)으로 인간을 재주술화하고자 하는 자들이다.

지금까지 서술한 것이, 옮긴이의 견해로는, 서구 근대의 탈주술화된 문화적 상황에 대해 베버가 내리는 '진단'의 핵심이다. 그럼 베버의 '처방'은 무엇인가? 이에 대한 답의 실마리를 우리는 바로 그가 내린 근대 진단의 기본성격에서 찾아볼 수 있다. 즉, 근대가 낳는 문제들에 대해서는 어떠한 보편타당한 '처방'도 불가능하다는 처방이 그것이다. 물론 베버는 근대의 속성에 걸맞다고 판단되는 몇 가지 핵심적 제도 틀을 선호하고 옹호하고 있는 것은 사실이다. 가령 정치영역에서는 의회민주주의(다만, 베버는 의회적 정당성을 가진 카리스마적 지도자의 훈련 및 배출기능을 각별히 강조하고 있다), 경제영역에서는 시장경제(다만, 자유주의자들이 덧씌운 온갖 종류의 시장 지상주의적 이데올로기들을 다 벗겨낸 냉엄한 모습의 시장경제 — 이런 모습의 시장경제는 베버의 의하면 계획경제보다 원칙적으로 더 합리적이지도, 덜 억압적인 것도 아니다. 이 두 체제는 억압과 지배의 성격이 다를 뿐, 그 정도가 다른 것은 아니다), 그리고 의회와 관료제와 시장의 결탁과 유착을 견제할 수 있는 (노동조합을 위시한) 시민사회적 대안세력을 베버는 옹호한다.

그러나 베버는 이 모든 제도와 또 그것을 정당화하는 이론들은 궁극적으로는 어떤 보편타당한 형이상학적 근거도 가지고 있지 않다는 점을 강조하고 있다. 그렇기 때문에 베버는, 다시 한 번 니체로 돌아가자면, 텅 빈 밤의 공간 속을 '위'도 '아래'도 없이 부유하는 '근대 인간'들에게 손쉬운 처방책이, 새로운 유일신적 '구원의 길'이 있다고 떠들어대는 지적 사기꾼들을 가차없이 질책한다. 베버는 특히 지식인들의 허영과 오만, 권력욕이 찍어내는 값싼 모조품-유토피아들에 대해 되풀이해 경고하면서, 사회과학적 권위를 등에 업은 이러한 '직업적' 몽상가들, 실천요구 앞에서는 슬슬 뒤꽁무니를 빼는 무책임한 몽상가들에게는 단호히 "유토피아는 없다"라고 선언한다.

그러나 다른 한편으로 베버는 유토피아를 향한 진정한 욕구와 사명감, 그리고 실천의지를 가진 진지한 사람들에게는 이와는 정반대되는 말을 한다. 즉, 그는 이들에게, 만약 인류가 '불가능한 것' 또는 '불가능해 보이는 것'을, '그럼에도 불구하고', 계속 지향해 오지 않았다면, 아마도 인류는 '가능한 것'마저도 성취하지 못했을 것이라고 말하고 있다(〈직업으로서의 정치〉).

2006년 2월
전 성 우

지은이 막스 베버 Max Weber

독일의 사회사상가 막스 베버(1864~1920)는 칼 맑스, 에밀 뒤르켐 등과 함께 현대 사회학을 창시한 사상가 중의 하나로 꼽힌다. 역사, 경제, 정치, 법제도, 종교, 철학, 예술 등 거의 모든 인문 -사회과학적 현상들을 자신의 인식지평 안으로 끌어들이면서 이 현상들의 사회학적 분석에 필요한 이론들과 개념장치를 구축해, 현대 사회학의 기반을 마련하는 데 결정적 기여를 했다. 주요 저작으로는 흔히 사회학적 개념구성의 '건축학'이라고 불리는 《경제와 사회》, 세계 대종교들을 다루는 《종교사회학 논문집》, 그리고 방법론적 구상을 담은 《과학론 논문집》 등이 있다.

옮긴이 전성우

국내 베버 연구의 1인자인 전성우는 서울대학교 독문과를 졸업했으며 독일 괴팅겐대학에서 《프로테스탄티즘 윤리와 자본주의 정신》으로 막스 베버를 접하고 사회학으로 전향해 박사학위를 받았다. 한양대학교 정보사회학과 교수로 재직하는 동안 베버를 연구했다. 독일 하이델베르크대학교 및 에를랑겐대학교, 일본 가쿠슈인대학교에서 초빙교수로 있었으며 한국이론사회학회의 회장을 지냈다. 쓴 책으로는 《막스 베버 사회학》, 《막스 베버 역사사회학 연구》, *Max Webers Stadtkonzeption*, 《막스 베버 사회학의 쟁점들》(공저), 번역서로는 《탈주술화 과정과 근대》, 《막스 베버 사회과학방법론 I》 등이 있다. 주요 논문으로 "막스 베버의 근대사회론", "막스 베버 지배사회학 연구", "Der Mythos Max Weber" 등이 있다.

Max Weber

직업으로서의 학문 전성우 옮김

학문을 '천직'으로 삼고자 하는 자에게는 어떤 덕목이 필요한가?

백여 쪽밖에 되지 않는 이 책은 현대 사회과학 역사상 가장 널리
읽혀온 강연문 중 하나이다. 베버는 이 책에서 학자라는 '직업'에
필요한 '외적' 조건과 '내적' 자질, 근대 학문의 본질, 근대 문화에서
학문이 차지하는 위상, 학문과 정치의 관계, 규범적 '가치판단'과
과학적 '사실판단' 간의 구분 등 실로 학자 및 학문에 관해 우리가
던질 수 있는 가장 본질적인 문제를 평이하면서도 깊이 있게 다룬다.
46판 / 8,500원

직업으로서의 정치 전성우 옮김

정치의 소명은 무엇이고 그 배반은 언제 일어나는가?

정치에 대한 필생의 사유를 해박한 지식과 특유의 섬세하고
깊은 통찰력으로 풀어낸 이 강연은 근 1세기의 세월을 뛰어넘어
오늘날 우리의 정치적 성찰을 이끌어 주기에도 전혀 손색이 없다.
46판 / 9,500원

막스 베버 종교사회학 선집 전성우 옮김

종교적 초월의 세속적 의미는 무엇인가?

첨단과학의 21세기는 종교의 학문적, 정치적 대부활로 시작하였다.
의미상실의 첨단과학 시대에 종교는 무엇을 뜻하는가?
글로벌 시대에 문명 간 충돌은 왜 발생하는가? 막스 베버의
종교사회학 핵심논문을 모은 이 책에서 그 해답을 찾을 수 있다.
46판 / 9,000원

우리 시대의 마지막 '보편천재',
막스 베버가 21세기의 학문, 정치,
종교에 던지는 메시지

막스 베버 사회과학방법론 선집 전성우 옮김

'객관적으로 타당한 진리'란 존재하는가?

이 책에 수록된 〈객관성 논문〉, 〈가치중립 논문〉 및 〈사회학 기초개념〉에서
베버가 100여 년 전 설정한 의제는 현대 사회이론 및 사회과학방법론
발전의 중심동력 가운데 하나였으며, 오늘날까지도 방법론 담론의
출발점이자 준거점 역할을 한다.
신국판 / 15,000원

막스 베버의 고대 중세 연구 전성우 옮김

도시와 문명이 성장하고 몰락하는 원인은 무엇인가?

40여 년간 베버 연구에 전념한 국내 최고 권위의 막스 베버 전문가 전성우
교수가 지금까지 국내에 소개되지 않은 베버의 글 두 편을 소개한다.
이 책에 실린 〈도시〉는 근대 이전 문명과 도시에 관한 베버의 통찰이
빛나는 역작으로, 보편사적 문명비교론의 정수로 평가받는다.
신국판 / 18,000원

경제와 사회-공동체들 박성환 옮김

《경제와 사회》는 근대 서구 문화의 특성과 기원 그리고 운명을 경제와
사회 사이의 연관이라는 세계사적 전망에서 체계적으로 분석하는 중요한
사회과학 저술로서, 포괄 분야가 워낙 광범해서 사회학적 지식의
백과사전적 창고로 이해되기도 했고 여러 분야의 과학에서 수용되었다.
이 책은 역사 - 비판적 편집작업을 거쳐 새롭게 간행되는 《경제와 사회》의
제 1권: 공동체들이다.
신국판 · 양장본 / 38,000원